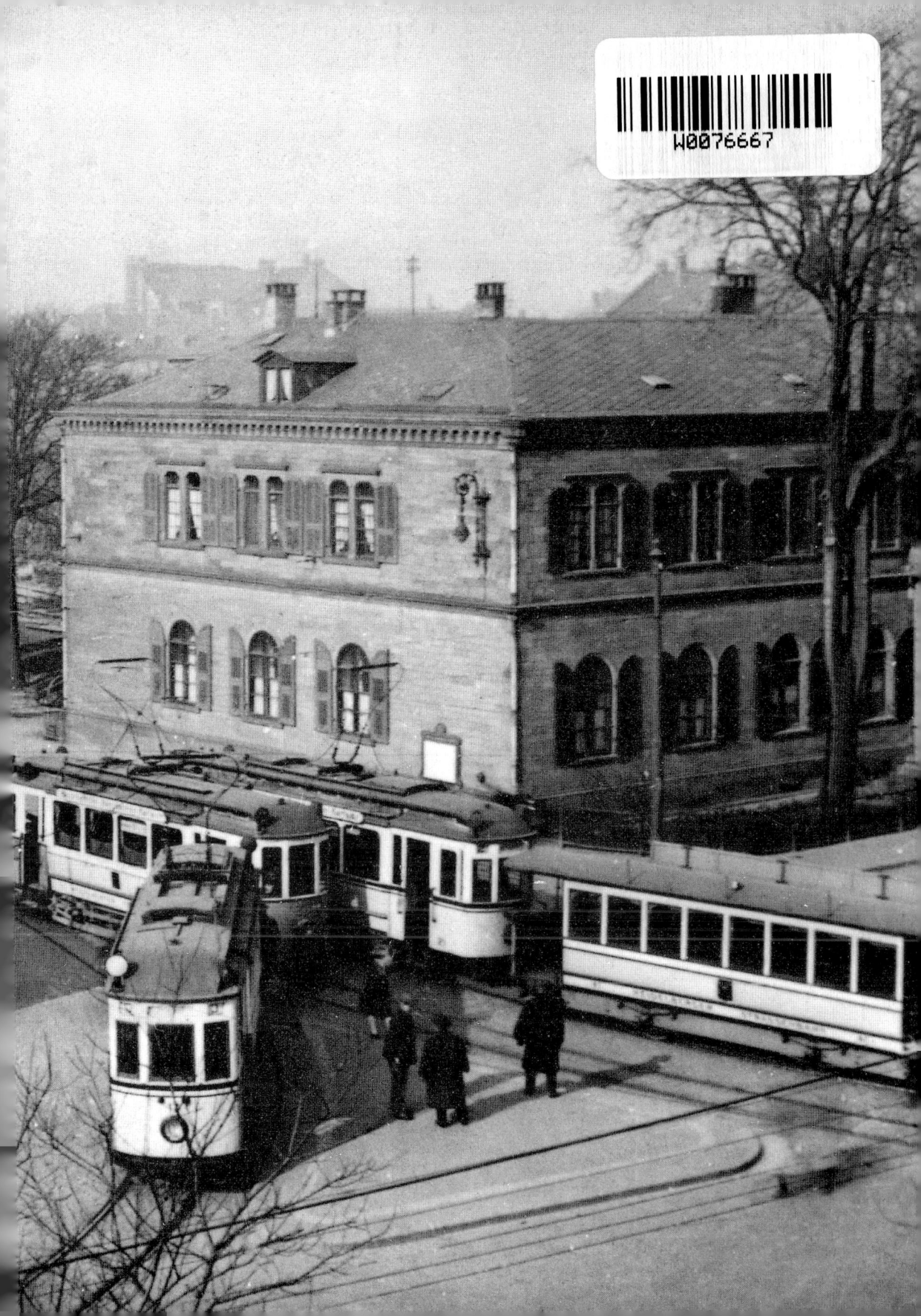

Frank Muth, Straßenbahnen in Heidelberg

Frank Muth

Straßenbahnen in Heidelberg

100 Jahre »Blau-Weiße« in der Neckarstadt

Stadt Heidelberg

STRASSENBAHN MAGAZIN BIBLIOTHEK

Heidelberger Straßen- und Bergbahn AG

Titelbild: Die Front der Düwag-Straßenbahnen hat seit den 60er-Jahren das Bild der Heidelberger Straßenbahnen bestimmt. Durch die neuen Fahrzeuge wird sich das jetzt ändern. Das Bild mit Düwag-Wagen 201 entstand im März 2002 in der Dossenheimer Landstraße; Foto: Frank Muth

Abbildung Vorsatz: So sah es Ende der 20er-Jahre am alten Hauptbahnhof aus: Nur der ausfahrende Stadtwagen trägt noch die alte HSB-Lackierung. Interessant ist auch der doppelte Lyrabügel bei dem Zug links; Repro: Fotostudio Gärtner

Abbildung Seite 2: Um 17.53 Uhr schien die Abendsonne an jenem Septemberabend 1965 genau in die Hauptstraße. Ideal also, um die Straßenbahn mitsamt dem Schlossberg im Hintergrund abzulichten
Foto: J. Zimmer

Abbildung Nachsatz: Als dieses Bild im Sommer 2002 am Bismarckplatz entstand, zählte Niederflurwagen 265 noch zu den modernsten Fahrzeugen in Heidelberg. Im Jahr 2003 muss er diesen Ruf an die neuen „Variobahnen" abtreten
Foto: F. Muth

Die Deutsche Bibliothek – CIP-Einheitsaufnahme

Ein Titeldatensatz für diese Publikation ist bei
Der Deutschen Bibliothek erhältlich

ISBN 3-7654-7197-6

© 2003 by GeraMond Verlag
im Hause GeraNova Zeitschriftenverlag GmbH, D-81673 München
http://www.geranova.de

1. Auflage 2003

Lektorat: Brigitte Neff/GM-Verlag
Herstellung: Thomas Fischer
Druck: Sellier Druck GmbH, Freising
Printed in Germany

Zum Geleit

„Stolz wie ein Spanier und mit Fähnchen geschmückt, gleitet seit heute morgen die Elektrische durch die Hauptstraße. Möge sie die auf sie gesetzten Hoffnungen erfüllen, auf daß wir ebenso wehmütig einst von ihr Abschied nehmen, wie wir uns gestern von der Pferdebahn verabschiedet hatten", so der Wunsch unserer Vorfahren, als sie 1902 die Pferdebahn in den wohlverdienten Ruhestand schickten und die elektrische Straßenbahn begrüßten. Und dieser Wunsch ist in Erfüllung gegangen. Die auf sie gesetzten Hoffnungen erfüllt die elektrische Straßenbahn noch 100 Jahre danach. Und sie weckt immer noch neue Hoffnungen bei uns, den Verkehrsbetrieben, und unseren Fahrgästen. Von Abschiednehmen kann indes keine Rede sein.

Die Straßenbahn findet bei unseren Kunden eine noch höhere Akzeptanz als der Bus und bei entsprechendem Fahrgastaufkommen ist sie auch wirtschaftlicher. Dies ist Ansporn und Antrieb für uns, unsere Fahrzeuge auf dem neuesten technischen Stand zu halten. Im Jahre 2003 werden gleich acht neue Variobahnen Rhein-Neckar, NGT 8, im HSB-Netz eingesetzt, um noch mehr Kunden noch schneller und bequemer ans Ziel zu bringen. Dies ist aber auch Anreiz für uns, unsere ÖPNV-Angebote zu optimieren und das Streckennetz sukzessive zu erweitern: z.B. in den Heidelberger Stadtteil Kirchheim, in das Neuenheimer Feld zu den Universitätseinrichtungen, in die Altstadt bzw. in die Heidelberger Nachbarstädte und Gemeinden. Daran arbeiten wir zusammen mit den zuständigen Gremien im Land und in den Kommunen.

Die HSB hat den Blick nach vorne gerichtet und wird bestrebt sein, zukünftig noch stärker als modernes Dienstleistungsunternehmen, das großen Wert auf Umwelt- und Kundenfreundlichkeit legt, präsent zu sein, wenn es um Mobilität im Raum Heidelberg geht. Wir tun dies auch oder gerade vor dem Hintergrund der regionalen Allianzbildung und des S-Bahn-Projektes. Dazu verpflichtet uns nicht zuletzt das Engagement unserer Vorfahren, der Einsatz der Tausenden von Mitarbeiterinnen und Mitarbeitern, die sich in den vergangenen 100 Jahren für einen erfolgreichen öffentlichen Personennahverkehr eingesetzt haben.

Mit diesem Buch wollen wir die Arbeit der ehemaligen und der aktiven Mitarbeiterinnen und Mitarbeiter der HSB würdigen und dafür sorgen, dass ihre Leistung nicht in Vergessenheit gerät. Bei der Aufbereitung der historischen Dokumente haben uns besonders Helmut Röth, Robert Basten und das Fotostudio Gärtner unterstützt. Dafür sagen wir Dank, auch den Freunden der Straßenbahn, die aus ihrem privaten Archiv historische Dokumente zur Verfügung gestellt haben.

Viel Spaß bei der Lektüre wünscht

Ihre Heidelberger Versorgungs- und Verkehrsbetriebe GmbH (HVV)

Inhaltsverzeichnis

Die Belegschaft der Pferdebahn stellt sich dem Fotografen im damaligen Depot in der Alten Bergheimer Straße 7, dem späteren Gelände der Firma Ziegelbräu

Foto: HSB-Archiv

I. Die Pferdebahn (1885 – 1901)

Ein Pferdebahn-wagen wartet 1896 in der Hauptstraße am Kornmarkt
Foto: HSB-Archiv, Slg. U. Hinzpeter

Urkundlich wird Heidelberg im Jahre 1196 erstmals erwähnt. Die erste Siedlung lag am Ausgang des Neckartales aus dem Odenwald in die Rheinebene unterhalb einer Burg auf dem Kleinen Gaisberg. Diesen Ort machten die Pfalzgrafen zu ihrer Residenz. Pfalzgraf Ruprecht I. gründete in Heidelberg 1386 die erste deutsche Universität und begann dann mit dem Bau des Schlosses. 1392 war eine großzügige Stadterweiterung notwendig, bei der Bergheim zu Heidelberg kam. Stadt und Schloss wurden im Pfälzischen Erbfolgekrieg (1689 und 1693) zerstört. Die Stadt wurde danach im süddeutsch-italienischen Barockstil im 18. Jahrhundert wieder aufgebaut. Das damals ebenfalls wieder errichtete Schloss allerdings nahm bei einem Brand 1764 so schweren Schaden, dass man es danach nicht noch ein weiteres Mal aufbaute. Schwer wog die Verlegung der kurfürstlichen

Residenz im Jahre 1720 ins nahe gelegene Mannheim. Damit fiel dessen Rolle als Provinzstadt plötzlich Heidelberg zu. Erst nach 1803 sorgte Großherzog Karl Friedrich für den Wiederaufbau der Universität und eine neue Blüte der Stadt. Das besonders reizvolle Stadtbild wurde bald international bekannt. Von Luftangriffen verschont, gehört Heidelberg seit Jahrzehnten zu den beliebtesten Zielen ausländischer Touristen in Deutschland, die in den Sommermonaten zahlreich durch die Gassen der Altstadt bummeln. Die Stadt konnte sich den natürlichen Begrenzungen folgend nur in die Rheinebene ausdehnen. Vor allem nach Norden und Süden erfolgte die dichte Besiedlung am Fuße der Hänge des Odenwaldes.

Das Wachstum der Städte brachte wegen der immer größeren Entfernungen auch das Bedürfnis nach Verkehrsmitteln mit sich. Erschwinglich wurden diese von Pferden gezogenen Verkehrsmittel für die weniger betuchten Bevölkerungsschichten erst, als Fahrzeuge mit größerem Fassungsvermögen gebaut und die Betriebskosten auf mehr Mitfahrer verteilt werden konnten.

Da Eisenräder auf ebenen Schienen erheblich weniger Reibungsverluste verursachen, erlaubte eine Pferdebahn fassungsstärkere Fahrzeuge und auch eine bedeutend komfortablere Fahrt als die nur mangelhaft gefederten Kutschen auf holprigem Kopfsteinpflaster. Der erste erfolgreiche Pferdebahnbetrieb wurde 1853 in New York eröffnet. Schon bald investierten auch viele Unternehmen in Deutschland in Pferdebahnen. Berlin und Hamburg erhielten das Verkehrsmittel als Erste 1865 bzw. 1866. Die Behörden brachten der neumodischen Pferdebahn aber erhebliche Skepsis entgegen.

Entwicklung der Pferdebahn

Auch in Heidelberg war man zunächst ablehnend, als sich am 5. Juni 1871 ein Gabriel Graf Diodati mit zwei weiteren Gesellschaftern an den Gemeinderat wandte und um eine Konzession für ein „billiges, bequemes und zeitsparendes Transportmittel" auf der langgezogenen Hauptstraße nachsuchte (die drei hatten fast gleichzeitig ein ähnliches Gesuch auch in Mannheim eingereicht.) 1872 versuchte es ein englischer Techniker mit ebensowenig Erfolg.

Am 30. Juli 1876 reichte auch der Ingenieur Charles de Feral aus Longeville bei Metz ein solches Gesuch ein. Der Gemeinderat war auch zunächst nicht abgeneigt. Aber die Geschäftsleute in der engen Hauptstraße protestierten gegen die Pferdebahn, weil sie eine massive Störung des Fuhrwerkverkehrs und Behinderungen beim Be- und Entladen ihrer Fuhrwerke befürchteten. Das Institut der Droschkenanstalt warnte vor schwer wiegenden wirtschaftlichen Nachteilen für das Droschkengewerbe. Während de Feral in Mannheim schon 1878 seine Pferdebahn in Betrieb setzen konnte, kam die Diskussion im Heidelberger Gemeinderat nicht voran. Dabei hatte man auf Anfrage aus Bremen und Köln mitgeteilt bekommen, dass die Pferdebahn sich dort auch in engen Straßen bewährt hatte. Aber es bewarben sich noch mehr Interessenten um eine Konzession. Der Bürgerausschuss stimmte dann am 20. März 1883 mit 80 zu 20 Stimmen dem Bau der Pferdebahn zu. Die Aufsichtsbehörden erließen mit der Konzessionsurkunde am 27. September 1883 strenge Auflagen. So konnten sie jederzeit die Einführung technischer Verbesserungen vorschreiben.

Einige Quellen nennen de Feral als Inhaber der Konzession, andere die Ingenieure Leferenz. Letztlich taten sich diese Urväter der Heidelberger Straßen- und Bergbahn bald zusammen. Dem Ingenieur Charles de Feral gehörte die Pferdebahn in Brüssel. Er betrieb auch die Pferdebahn in Mannheim-Ludwigshafen. 1890 eröffnete de Feral zudem in Trier eine Pferdebahn. Sicher ist, dass er Berliner Bankhäuser der Firma Soenderop & Co., Kommanditgesellschaft für Bau und Betrieb von Eisenbahnen, als Geldgeber für sein Unternehmen gewonnen hat. Die Firma Soenderop hatte schon 1882 durch den amerikanischen Ingenieur Eppelsheimer ein Bergbahnprojekt zum Schloss und zur Molkenkur ausarbeiten lassen, war aber an Grundstücksproblemen gescheitert.

Die Heidelberger Bauunternehmer Philipp und Johann Leferenz waren in den achtziger Jahren des 19. Jahrhunderts im Eisenbahnbau tätig, so beim Bau der Odenwaldbahn im Abschnitt Bad König – Eberbach. Sie wollten eine Sekundärbahn von Schriesheim nach Mannheim und Heidelberg bauen und erhielten schließlich am 28.6.1883 auch eine entsprechende Konzession. 1887 muss-

Der Kutscher der ersten Pferdebahn

Foto: Stadtarchiv Heidelberg

ten sie diese Konzession allerdings an das Konsortium Bachstein abtreten. Die Strecke Schriesheim – Heidelberg wurde später Bestandteil der „Oberrheinischen Eisenbahn-Gesellschaft" (OEG). Die Herren Leferenz hatten nach dem Scheitern der Pläne von Soenderup ab 1883 außerdem selbst ein Bergbahnprojekt ausgearbeitet. Entsprechend gründeten sie am 9.März 1885 die „Heidelberger Straßen- und Bergbahngesellschaft Leferenz & Co". De Feral wurde Betriebsführer. Am 23. März 1885 legten die Gesellschafter ihr Bergbahnprojekt dem Stadtrat vor (s. auch Seite 14/15).

Tags darauf, am 24. März 1885, begannen am Hauptbahnhof die Bauarbeiten für die Pferdebahn. Wegen widriger Wetterbedingungen wurde das Pferdebahnnetz in Etappen eröffnet. Schon am 13. Mai 1885 fuhr offiziell die erste Pferdebahn zwischen Hauptbahnhof und

Wagen 6 in der Ausweiche am Kornmarkt. Auf dem Wagen wirbt das Bekleidungsgeschäft J. Schönleber für „Anfertigung nach Maass"

Foto: HSB-Archiv

Marktplatz. Zur Eröffnungsfahrt um 11 Uhr standen fünf mit Fähnchen geschmückte Wagen für die Prominenz bereit. Der Reporter der Heidelberger Zeitung schrieb: „Die Fahrt ging glatt von statten, abgesehen von einer bei der Rückfahrt eintretenden Entgleisung eines Waggons, die aber im Augenblick behoben war und kaum irgendeinen Aufenthalt verursachte."

Ab 31. Mai 1885 wurde die Strecke zum Karlstor verlängert. Zwischen 6.40 Uhr und 21.18 Uhr kam nun alle sechs Minuten eine Pferdebahn. In der engen Hauptstraße waren zwei Gleise verlegt, von denen aber vormittags nur das nördliche und nachmittags nur das südliche Gleis befahren wurden. Mit dieser Lösung umfuhr die Pferdebahn flexibel und geschickt die Bedenken der Anlieger. Die befürchteten Schäden und Störungen blieben aus. Dafür war die Pferdebahn umso erfolgreicher; nur wenige Jahre später beschäftigte sich der Gemeinderat aus eigenem Antrieb mit der Frage, wie man das Verkehrsmittel leistungsfähiger machen könne. Die vertraglich geforderte Weiterführung zum Hausacker wurde damals nicht umgesetzt, weil das Verkehrsbedürfnis dafür zu gering war. Am 8. September 1885 fuhr aber die erste Pferdebahn durch die Bergheimer Straße bis zur Römerstraße. Mit der Eröffnung der Linie vom Hauptbahnhof zum Steigerweg (Friedhof) am 22. Juli 1886 war das 3,7 Kilometer lange Netz komplett. Die beiden letztgenannten Linien verkehrten nur mit je einem Fahrzeug im Anschluss an die Hauptstraßenlinie. Auf dieser kassierten Schaffner das Fahrgeld, während auf den beiden Nebenlinien die Fahrgäste das Fahrgeld in einen Zahlkasten werfen mussten.

Das kleine Depot hatte seinen Sitz in der Alten Bergheimer Straße 7 (heute Gelände der ehemaligen Firma Ziegelbräu), nahe der Endstelle Römerstraße. Hier befanden sich Stallungen für die

Winter-Fahrplan
der
Heidelberger Strassen- & Bergbahn-Gesellschaft
Leferenz & Co.
giltig vom 15. October 1885 ab.

I. Linie: Hauptbahnhof — Karlsthor.

Es cursiren 8 Wagen in Zwischenräumen von 6 Minuten.

Ab Hauptbahnhof:

Erster Wagen	7 Uhr 40 Minuten Morgens.		
Zweiter „	8 „ — „ „		
Letzter „	7 „ 48 „	Abends.	

Ab Karlsthor:

Erster Wagen	7 Uhr 5 Minuten Morgens	ab Markt.	
Erster „	8 „ — „ „	ab Karlsthor.	
Zweiter „	8 „ 24 „ „		
Letzter „	8 „ 12 „	Abends.	

Bemerkung: Ausser diesem Fahrplane fahren noch Abends 8 Uhr 23 Minuten und 8 Uhr 27 Minuten 2 Wagen vom Hauptbahnhofe ab, welche bis zum Markt gehen und nur wenn Passagiere da sind bis zum Karlsthor durchfahren. Diese beide Wagen sind bei der Rückfahrt Theaterwagen.

II. Linie: Bismarckplatz — Römerstrasse.

Es cursirt 1 Wagen in Zwischenräumen von 12 Minuten, mit alternirendem Anschluss an die Wagen der I. Linie: Hauptbahnhof-Karlsthor.

Ab Römerstrasse:

Erster Wagen	8 Uhr 34 Minuten Morgens.		
Letzter „	7 „ 46 „	Abends.	

Ab Bismarckplatz:

Erster Wagen	8 Uhr 40 Minuten Morgens.		
Letzter „	7 „ 52 „	Abends.	

TARIF:

1) Von Römerstrasse nach Bismarckplatz und umgekehrt à Person **5 Pfennige.**
2) Jahresabonnements und Freikarten berechtigen zum Umsteigen ohne Nachzahlung.
3) Familienabonnements haben auf dieser Linie keine Gültigkeit.
4) 1 Kind unter 4 Jahren in Begleitung eines Erwachsenen ist frei.
5) Für 2 Kinder unter 4 Jahren ist der Fahrpreis für 1 Person zu zahlen.
6) Auf dieser Linie sind keine Schaffner zur Erhebung des Fahrgeldes und haben die Fahrgäste dasselbe in den im Wagen befindlichen Zahlkasten hineinzuwerfen.

Druck von Gebr. Huber in Heidelberg.

insgesamt 31 Pferde. Das Unternehmen beschäftigte 24 Mann.

Am 18. Juli 1887 wurde die offene Handelsgesellschaft in eine Aktiengesellschaft umgewandelt, die sich nun „Heidelberger Straßen-und Bergbahn AG (HSB)" nannte. Als Geldgeber konnte das Berliner Bankhaus Abel gewonnen werden. Bankier Max Abel war von 1895 bis 1902 auch Aufsichtsratsvorsitzender der HSB. Die Zielsetzung der Gesellschaft umfasste neben dem Betrieb der Heidelberger Pferdebahn auch den Erwerb und die Nutzung von Konzessionen für Straßen-, Berg- und Se-

Der Winterfahrplan der Pferdebahn von 1885
Foto: RNZ-Archiv

kundärbahnen sowie den Erwerb und Bau solcher Bahnen. Das entsprach den „weitausschauenden, sorgfältig durchgearbeiteten Plänen" (Bankier Abel), die Johann Leferenz für weitere Bahnstrecken in der Region hegte.

Das Jahr 1890 brachte neben der Verstärkung der Bergheimer Linie auf Sechs-Minuten-Betrieb auch die Eröffnung der Bergbahn (30. März). Johann Leferenz war bis 1890 zunächst Auf-

sichtsratsvorsitzender und von 1890 bis zu seinem Tod am 5. September 1895 Vorstand der HSB. Schon 1896 war der häufig wegen Zugverkehrs gesperrte Bahnübergang Rohrbacher Straße zu einem echten Ärgernis für die Pferdebahnlinie zum Steigerweg geworden. Um den Zwölf-Minuten-Takt besser einhalten zu können, wurde versuchsweise mit zwei Wagen gefahren, wobei die Fahrgäste am Bahnübergang dann

Die Ausweichstelle der oberen Bergbahn, aufgenommen kurz nach der Fertigstellung
Foto: HSB-Archiv

Die Bergbahnen

Schon immer waren das Schloss, die Molkenkur und der Königsstuhl als Aussichtspunkte auf die Heidelberger Altstadt beliebt. Nachdem 1870 die erste Zahnradbahn (System Riggenbach) auf den Rigi in Betrieb gegangen war, kam man in Heidelberg bald auf den Gedanken, für den Fremdenverkehr eine Zahnradbahn zu diesen markanten Punkten zu führen.

Der Schweizer Ingenieur Riggenbach legte im Auftrag eines Konsortiums schon 1873 entsprechende Pläne vor. 1882 erarbeitete der amerikanische Ingenieur Eppelsheimer ein Drahtseilbahnprojekt im Auftrag eines Konsortiums um die Berliner Bahnbaufirma Soenderup. Beiden Plänen war allerdings kein Durchbruch beschieden.

Die am Soenderup-Projekt beteiligten Ingenieure Johann und Philipp Leferenz aus Heidelberg legten dann 1883

selbst ein Projekt vor, welches eine kombinierte Zahnrad-/Standseilbahn vom Bremeneck zum Schloss und zur Molkenkur vorsah. Nach Gründung der „Heidelberger Straßen- und Bergbahn Gesellschaft Leferenz & Co." stellten sie ihr Vorhaben am 23. März 1885 dem Stadtrat vor und beantragten eine Konzession. Das Projekt einer Bergbahn war jedoch sehr umstritten. Viele Heidelberger fürchteten Eingriffe in das Landschaftsbild oder persönliche wirtschaftliche Nachteile. So kam es, dass erst am 25. Juni 1888 die Konzession an die HSB erteilt wurde. Die 489 Meter lange Bahn vom Kornmarkt zur Molkenkur konnte am 30. März 1890 eröffnet werden. Zwischen Kornmarkt und Schloss verläuft die Bahn im Tunnel. Sie überwindet insgesamt einen Höhenunterschied von 173 Metern.

Der Erfolg der Bergbahn gab den Anstoß, auch das Ausflugsgebiet auf dem Königsstuhl mit einer Bergbahn von der Molkenkur aus zu erschließen. Diese 1.020 Meter lange Bahn wurde am 1. Juni 1907 eröffnet. Sie überwindet einen Höhenunterschied von 260,5 Metern. Das hier verwendete elektrische Antriebssystem wurde 1907 auch bei der unteren Bahn eingebaut. Auf beiden Strecken pendeln je zwei Fahrzeuge.

eine Überführung benutzen sollten. Dieses Angebot bewährte sich aber nicht. Sehr viel erfolgreicher war dagegen das Vorspannen eines zweiten Pferdes vor die Wagen der Hauptstraßenlinie auf der Steigung zwischen Theaterstraße und Ludwigsplatz (dem heutigen Universitätplatz). Die Züge konnten damit wesentlich schneller fahren, das brachte mehr Fahrgäste und Einnahmen. Auch die Bergheimer Linie

fuhr ab April 1896 im Sechs-Minuten-Takt, die Rohrbacher Linie folgte 1898. Die Entwicklung der Pferdebahn konnte sich sehen lassen: Im letzten Betriebsjahr beförderte man mit 1,61 Millionen Fahrgästen mehr als dreimal soviel Fahrgäste wie im ersten Betriebsjahr. Das Pferdebahn-Unternehmen beschäftigte 1901 nicht weniger als 40 Mann und 45 Pferde, die gemeinsam einen soliden Gewinn erwirtschafteten!

1961 wurde die untere Bahn grundlegend modernisiert, um durch höhere Geschwindigkeit und größere Fahrzeuge dem starken Andrang besser begegnen zu können. Statt wie zuvor 350 können nun 950 Personen pro Stunde befördert werden. Am 26. April 1962 wurde die untere Bergbahn wiedereröffnet. Die beiden verschiedenen Bahnen entsprechen dem unterschiedlichen Verkehrsbedürfnis, vor allem, seit der Königsstuhl auch per Auto erreichbar ist. Um die Attraktivität der Bergbahn zu steigern, folgte ein Umbau der Station Kornmarkt mit Ladengeschäften und Parkhaus. Auf dem Königsstuhl errichtete die HSB ein Märchenparadies, für das sie auf ihren Straßenbahnen warb. Seit 1975 ist das Märchenparadies verpachtet. Gegenwärtig benutzen etwa 1 Million Menschen jährlich die Bergbahn. 2003 werden die Bergbahnen voraussichtlich umgestaltet.

Hinauf zum Königsstuhl, 550 Meter über dem Meeresspiegel, bringt die obere Bergbahn die Fahrgäste

Foto: HSB-Archiv

2. Die Straßenbahn unter Strom (1901 – 1910)

Ein Vormittag
im Jahre 1902:
die Endstelle
der elektrischen
Linie zum
Karlsthor vor
dem alten
Hauptbahnhof

Foto: Siemens Museum

München

Wagen I der Elektrischen Straßenbahn Heidelberg – Wiesloch im Winter 1901/1902 in Wiesloch

Foto: HSB-Archiv

Die Rohbauarbeiten am neuen Depot beim Schlachthof gehen ihrem Ende entgegen. Noch fehlen die Gleise

Foto: Stadtarchiv Heidelberg

Die Pferdebahn erfreute sich großer Beliebtheit. Um 1895 aber war abzusehen, dass sie in der stürmisch wachsenden Stadt dem immer größer werdenden Verkehrsbedürfnis kaum noch genügen würde. So verhandelten die Stadtoberen mit der HSB über die Umstellung der Pferdebahn auf elektrischen Betrieb. Wiederum gab es landesweit große Skepsis und Widerstand gegen die neue Antriebsart. Manche Firma nutzte dies, um ihre Alternativen anzupreisen. So schrieb die Berliner „Electrizitäts-Werke und Accumulatorenfabrik AG" am 23.1. 1896 an den Stadtrat: „Euer Hochwohlgeboren beehren wir uns hierdurch die ganz ergebene Mittheilung zu machen, daß von uns auf der Berlin-Charlottenburger Straßenbahn ein völlig neuer, durch Accumulatoren-System Schäfer-Heinemann betriebener Wagen in den regulären Verkehr eingestellt worden ist, welcher mit einer einzigen Ladung seiner Accumulatoren einen vollen Tagesbetrieb und mehr leistet. Damit hat die brennende Frage nach dem besten electrischen Straßenbahnwagen ... ihre Lösung gefunden." Solche und ähnliche Angebote erhielt nicht nur der Heidelberger Stadtrat in größerer Zahl.

Bei aller Praxistauglichkeit der neuen Technologien gab es jedoch meistens auch gravierende Nachteile. Jedenfalls setzte sich die elektrisch betriebene Straßenbahn weltweit durch. Sie geht auf Werner von Siemens zurück, der 1879 erstmals ein elektrisch betriebenes Bähnchen auf einer Ausstellung gezeigt und am 16. Mai 1881 in Berlin-Lichterfelde die erste elektrisch betriebene Straßenbahn der Welt eröffnet hatte. Nachdem technische Probleme der Stromzuführung durch Erfindungen des Amerikaners Frank Julian Sprague (Rollenstromabnehmer) und den Deutschen Walter Reichel (Bügelstromabnehmer) gelöst waren, konnte der Siegeszug dieses Verkehrsmittels beginnen. In Deutschland wurde 1891 die erste seitdem durchgehend betriebene Straßenbahn in Halle eröffnet. 1893 begann eine große Elektrifizierungswelle. Auch die wenigen Betriebe mit Accumulatoren-Triebwagen stellten schon bald auf elektrischen Betrieb um.

Austausch der Pferdebahngleise in der Hauptstraße für den elektrischen Betrieb (1902)

Foto: HSB-Archiv

Die Stadt Heidelberg genehmigte am 10. Oktober 1898 die Stromzuführung über eine elektrische Fahrleitung als am besten geeignetes System. Die elektrische Straßenbahn galt auch als ein interessanter zukünftiger Großkunde für das geplante Elektrizitätswerk. Da die geplante Verlegung des Hauptbahnhofes die Bedeutung der Straßenbahn erheblich zu steigern versprach, erwarb die Stadt Heidelberg am 28. Februar 1901 drei Viertel der HSB-Aktien. Dahinter stand das Ziel, die „volle Beherrschung des Unternehmens für alle Zukunft zu gewährleisten", so die Vorlage für die entscheidende Stadtratssitzung vom 18. Februar 1901. Zu diesem Zeitpunkt aber baute ein anderes Unternehmen bereits an einer elektrischen Vorortbahn von Heidelberg nach Wiesloch.

Die elektrische Straßenbahn Heidelberg – Wiesloch

Leimen, Nußloch und Wiesloch lagen zu weit von der Eisenbahnstrecke Heidelberg – Karlsruhe entfernt, als dass diese dem Verkehrsbedürfnis dieser

Gemeinden entsprochen hätte. Daher wurde 1896 erstmals das Projekt für den Bau einer elektrischen Bahn von Heidelberg nach Wiesloch vorgelegt. 1898 beantragte die „Aktiengesellschaft für Bahn-Bau und Betrieb" (BBB) in Frankfurt am Main eine Konzession für eine solche Bahn. Die Befürchtung des Ministeriums, eine elektrische Kleinbahn bis Wiesloch würde die Hauptbahn schädigen, konnte schnell entkräftet werden. Die Konzession wurde dann am 6. Juni 1900 der Deutschen Eisenbahngesellschaft in Frankfurt übertragen, die die ihr nahestehende BBB mit Bau und Betrieb der Bahn beauftragte. Am 1. August 1900 begannen die Bauarbeiten. Die Strecke der „Elektrischen Straßenbahn Heidelberg – Wiesloch" begann am Heidelberger Hauptbahnhof, querte die Eisenbahnstrecke ins Neckartal und führte durch die Rohrbacher Straße bis zum Friedhofsweg. Bis zum Steigerweg sollten die Gleisanlagen der Pferdebahn mitbenutzt werden, die dafür umgebaut werden mussten. Die Verhandlungen waren wegen der Konkurrenzsituation nicht einfach. So konnten die Arbeiten dort erst im Juni 1901 beginnen. Die Eröffnung der Bahn erfolgte daher in Etappen. Am 23. Juli 1901 wurde die Strecke zunächst zwischen dem Heidelberger Friedhof und Wiesloch in Betrieb genommen. Am 22. August konnte man bis zur Kaiserstraße, vier Tage später gar bis zur Bunsenstraße und am 21. Oktober 1901 schließlich bis zum Hauptbahnhof fahren.

Die Bahn war eingleisig mit insgesamt elf Ausweichen angelegt und folgte durchgehend öffentlichen Straßen. Ihre Strecke führte am Rande Rohrbachs vorbei, bediente den westlichen Teil Leimens mit dem Zementwerk, folgte der Landstraße nach Nußloch, deren Ortskern durchfahren wurde, und erreichte dann im Zuge der Landstraße Wiesloch, wo sie endete. Die größte

**Konstruktions-
zeichnung der
Fassade der neuen
Depothalle am
Schlachthof**

Foto: Stadtarchiv Heidelberg

Steigung mit 6,6 Prozent befand sich in Wiesloch. Der ursprünglich geplante Weiterbau über die Ringstraße bis zum Bahnhof Wiesloch-Stadt erfolgte nicht, weil er offenbar zu teuer war. Die Strecke war insgesamt 13 Kilometer lang. Zugelassen war eine Höchstgeschwindigkeit von 22 km/h, in den Ortschaften musste jedoch langsamer gefahren werden. Für den je neun Trieb- und Beiwagen umfassenden Fuhrpark wurde in Leimen ein sechsgleisiges Depot auf der westlichen Seite der Römerstraße angelegt. Heute befindet sich dort ein größerer Gebäudekomplex. An der Endstelle in Wiesloch gab es noch einen kleinen zweigleisigen Schuppen. Zwischen Heidelberg und Leimen wur-

**Ein Zug mit offe-
nem Sommerbei-
wagen fährt in
den ersten Be-
triebsjahren vor
dem Rathaus in
Richtung Karlsthor**

Repro: Fotostudio Gärtner.

Slg. U. Hinzpeter

Heidelberg 1902

Straßenbahn 1000mm
Gleise der HSB

Überlandbahn 1000mm
Gleise der OEG

Straßenbahn 1000mm
Heidelberg – Wiesloch

Bergbahn

Eisenbahn

Güterbahn der OEG

Karlstor

Schloss

Station Schloss

Molkenkur

Karlsplatz

Station Kornmarkt

Altstadt

Hauptstr.

Leopoldstr.

Sophienstr.

Bismarck platz

Neuenheimer Landstr.

Neckarstaden

Bergstr.

Brückenstr.

Mönchhof Str.

Schröder Str.

Ladenburger Str.

Uferstr.

Schuhst.

Handschuhs Str.

Neuenheim

Friedrichs Brücke

Unter Neckar Str.

Bismarckstr.

Bergheimer Str.

Vangerow Str.

Bergheimer Str.

Eppelheimer Str.

Mittelmaier Str.

Eisenbahn Str.

Schlachts Str.

Botanischer Garten

Hauptbahnhof

Bahnhofstr.

Gaisbergstr.

Rohrbacher Str.

Zähringer Str.

Schiller str.

Kronprinzen Str.

Römerstr.

Alleestr.

Friedhof

Am Güterbahnhof

Bahnhof

Betriebshof

Speierer Land Str.

de alle 30 Minuten gefahren, jeder zweite Zug bis Wiesloch. Dank des sommerlichen Ausflugsverkehrs war die Bahn von Anfang an gut ausgelastet.

Neben dem Personenwagenpark waren zwei elektrische Gütertriebwagen und sieben Güterwagen vorhanden. Diese beförderten über Anschlussgleise Steine vom Steinbruch bei Nußloch zum Zementwerk in Leimen. Von den Transporten erhoffte sich die Bahngesellschaft ein Viertel ihrer Gesamteinnahmen. Tatsächlich wurden bereits im Jahr 1904 ca. 20 Prozent mehr Steine befördert als vertraglich als Mindestmenge vereinbart waren. Den Güterverkehr regelte ein auf 15 Jahre angelegter Vertrag. Obwohl der Güterverkehr zwischen den Jahren 1908 und 1911 ruhte, wurde die vertraglich vereinbarte Summe weiterbezahlt. Der Vertrag endete schließlich 1918, als die Zementwerke eine noch heute bestehende Hängeseilbahn zwischen den beiden Standorten in Betrieb nahmen.

Heidelberg fährt elektrisch

Zurück zur HSB: Zwei Monate nach Betriebseröffnung der Wieslocher Bahn beschloss die außerordentliche Generalversammlung der HSB am 20. Dezember 1901 „nachmittags 4 Uhr" endgültig den Umbau der Pferdebahn auf elektrischen Betrieb. Die Stadt gewährte ein Darlehen von 700.000 Mark und erbaute außerdem das neue neungleisige Depot am Schlachthof, das sie dann unkündbar bis zum Konzessionsablauf an die HSB zur Verfügung stellte. Die Bauarbeiten begannen im März 1902.

Man versuchte, die schon vorhandene und zukünftig gemeinsam zu nutzende elektrische Infrastruktur der Vorortbahn vom Hauptbahnhof bis zum Friedhof möglichst schnell mit elektrischen Fahrzeugen zu befahren. Hierfür kaufte die HSB drei fabrikneue Mannheimer Fahrzeuge. So fuhr am 16. März

1902 dann die erste Heidelberger Straßenbahn mit elektrischem Strom. Die Wagen wurden provisorisch in einem Holzschuppen untergebracht. Problematischer war die Umstellung der übrigen Linien, denn hier musste ja während des Austauschs der Schienen der Pferdebahnverkehr aufrecht erhalten werden. Die Hauptstraße musste dafür sogar komplett aufgegraben werden. Die HSB bemühte sich, die Unannehmlichkeiten möglichst klein zu halten. Schon am 7. August 1901 hatte sie beim „verehrlichen Stadtrath" angefragt, ob beim Gleisumbau nicht auch gleich Elektrokabel verlegt werden könnten, um das zweimalige Aufreißen der Straßen zu verhindern. Im Oktober 1902 waren die Bauarbeiten so weit abgeschlossen, dass man eine Eröffnung ins Auge fassen konnte. Damals zählte Heidelberg 42.000 Einwohner.

Den starken Verkehr am Sonntag, dem 5. Oktober 1902, sollte noch die Pferdebahn bewältigen. An diesem Tag war nur das neue Depot mit Werkstatt zu besichtigen. Am Montag um „3 Uhr nachmittags" erfolgte die technische Abnahme. Abends fuhren nach Theaterschluss mit Blumen geschmückt die letzten Pferdebahnen. „...Sang- und klanglos mussten sie heute der rastlos vordringenden Kraft unseres Zeitalters, der Elektrizität, weichen. Stolz wie ein Spanier und mit Fähnchen geschmückt gleitet seit heute Morgen die Elektrische durch die Hauptstrasse", berichtete die Zeitung am 7. Oktober 1902. In der Hauptstraße blieb es weiterhin bei der Einbahnregelung: von 7 bis 12 Uhr morgens wurde auf dem nördlichen Gleis und danach von 12 Uhr bis zum Betriebsschluss auf dem südlichen Gleis gefahren. Im östlichen, engeren Teil der Hauptstraße blieb die Strecke eingleisig trassiert. Damit wurden werktags alle Linien de facto eingleisig betrieben. Die Wagen verkehrten im Sechs-Minuten-takt. An den verkehrsstarken Sonn- und

Linke Seite: Im Jahre 1902 waren drei Bahngesellschaften auf Heidelbergs Straßen aktiv. Die Bergbahn war erst bis zur Molkenkur in Betrieb

Plan: R. Eisele

Feiertagen wurde zwischen Hauptbahnhof und Karlsthor dagegen ein Vier-Minuten-Takt angeboten, dann befuhr man auch beide Gleise im Richtungsverkehr. In den Sommermonaten wurden an solchen Tagen sogar die alten offenen Pferdebahnwagen angehängt, um dem Ansturm zu genügen.

Das von der Pferdebahn her bekannte Linienschema blieb weiter bestehen. Neben der Hauptlinie vom Hauptbahnhof über Bismarckplatz und Hauptstraße zum Karlsthor fuhren zwei Anschlusslinien: die im März 1901 eröffnete Linie vom Hauptbahnhof zum Friedhof und die um 800 Meter von der Römerstraße bis zum neuen Betriebshof am Schlachthof verlängerte Linie vom Bismarckplatz. Diese verlief in der Bergheimer Straße parallel zum Gleis der SEG-Strecke Mannheim – Heidelberg. Die HSB hatte erwartet, dass der Verkehr mit der Elektrifizierung stark ansteigen würde und die Einnahmen um 30 Prozent wachsen. Mit dem Gewinn sollten die gewährten Darlehen zurückgezahlt werden. Und tatsächlich ging es mit der HSB weiter bergauf.

Erste Erweiterung

Nach der Eingemeindung Neuenheims im Jahre 1891 hatten die Einwohner

dort schon 1897 für die Einrichtung einer Pferdebahnlinie auf das nördliche Neckarufer plädiert. Nach der Eingemeindung von Handschuhsheim im Jahre 1903 wurde dann der Bau einer elektrischen Straßenbahnlinie beschlossen und am 23. Oktober des selben Jahres die Konzession für eine am Bismarckplatz beginnende Strecke erteilt. Die mit dem Bau der Bahn geplanten Straßenkorrekturen stießen allerdings auf den Widerstand der in diesen Straßen verlaufenden SEG-Strecke, denn sie wollte nicht die durch den Bau einer Konkurrenzbahn entstehenden Kosten tragen. Nachdem es zwischen Stadt, HSB und SEG eine Einigung über die Kostenaufteilung gegeben hatte, konnten am 16. November 1903 die eigentlichen Bauarbeiten an der 1,8 Kilometer langen Strecke beginnen. Auch diese Strecke war eingleisig mit drei Ausweichen angelegt. Sie verlief durch Brückenstraße und Handschuhsheimer Landstraße zunächst parallel zur SEG-Strecke. Am 1. März 1904 fuhren die ersten Triebwagen vom Schlachthaus am Bismarckplatz weiter bis zur Kuno-Fischer-Straße. Ab 26. April 1904 fuhr dann tagsüber alle sechs Minuten eine Bahn bis zum „Grünen Hof" in der Handschuhsheimer Landstraße. Die neue Strecke ließ die Fahrgastzahlen weiter steigen. Mit 3,79 Millionen Fahrgästen wurden 1905 fast zweieinhalb mal so viele Fahrgäste befördert wie noch mit der Pferdebahn 1901.

Die Übernahme der Vorortbahn nach Wiesloch

Wie andere Städte erkannte auch Heidelberg, dass die Gestaltung der Verkehrsmittel ein wesentliches siedlungspolitisches Instrument war. In der so genannten Gründerzeit wuchsen die Städte in die Fläche. Die Entfernungen waren zu Fuß nur noch schwer zu bewältigen und so entstanden Wohnsiedlungen vor allem dort, wo man auch eine gute Verkehrsverbindung zum Arbeitsplatz vorfand. Um seine Rolle als Zentrum in der dichtbesiedelten Region auszubauen, wollte Heidelberg die Bahnlinien so gestalten, dass die eigene Innenstadt von überall her gut erreichbar war. Als ersten Schritt erwarb Heidelberg daher am 1. Juli 1905 die Elektrische Straßenbahn Heidelberg – Wiesloch und verpachtete sie an die HSB. Ab 1906 verkehrten die Züge zwischen Rohrbach und Heidelberg sogar alle 15 Minuten. Die bisherigen HSB-Linien wurden nun als „Stadtlinien" bezeichnet.

Der Verkehr auf den Stadtlinien stieg unaufhaltsam an. Schon bald wurden Beiwagen verwendet, um längere Züge zu bilden. Auch wurden erste Streckenabschnitte zweigleisig ausgebaut. Zwischen 1905 und 1911 musste außerdem die Strecke Heidelberg – Wiesloch gründlich saniert werden. Leider nützte das wenig, weil der Unterbau der Strecke unsachgemäß ausgeführt worden war und man (wohl aus Kostengründen) seinerzeit viel zu leichte Schienen verwendet hatte. Daher musste die Strecke in den Jahren 1912/13 komplett erneuert werden.

Die Idee einer Rundbahn...

Nachdem die Pläne für einen neuen Hauptbahnhof im Westen Heidelbergs klare Konturen angenommen hatten, entstanden bei der Stadt auch Pläne für eine regionale Rundbahn, ähnlich der damaligen SEG-Strecken um Mannheim herum. Vom neuen Hauptbahnhof sollte über Kirchheim Walldorf erreicht werden und die Strecke unter Einbeziehung der Walldorfer Straßenbahn nach Wiesloch weitergeführt werden, um dort in die schon bestehende Strecke einzumünden. Von Rohrbach war eine weitere Querverbindung nach Kirchheim geplant, was darauf schließen lässt, dass die Ringzüge vermutlich über Kirchheim wieder den Hauptbahnhof erreichen sollten.

Als ersten Schritt ging man am 15. November 1909 den Bau dieser Zweigstrecke von Rohrbach nach Kirchheim an. In dem bis 1920 selbstständigen Kirchheim wohnten damals viele Arbeiter, welche eine Verkehrsverbindung zu ihren Arbeitsplätzen in Heidelberg oder Wiesloch benötigten. Die Eröffnung der neuen Strecke wurde am 19. Februar 1910 gefeiert. Ab dem selben Tag fuhren die bisher in Rohrbach endenden Züge bis Kirchheim weiter. Die wiederum eingleisige Strecke erhielt an der Endstelle in Kirchheim eine Ausweiche. Ferner wurde ein Anschlussgleis zur Waggonfabrik Fuchs gebaut, die bis 1957 alle Fahrzeuge für die HSB lieferte.

...und die Realität

Es liegen Pläne vor, die als nächste Ausbaustufe eine Verbindung vom zukünftigen neuen Hauptbahnhof nach Kirchheim zeigen. Offenbar stand deren Verwirklichung im Zuge der Bauarbeiten am neuen Hauptbahnhof 1914 auf der Tagesordnung. Leider konnte beides damals nicht mehr verwirklicht werden: Im August 1914 brach der Erste Weltkrieg aus, womit die Projekte zum Erliegen kamen. Auch nach Kriegsende hieß es für die Kirchheimer „Warten". Denn obwohl sich der Ort bei der Eingemeindung 1920 den Bau dieser Straßenbahn-Verbindung ein weiteres Mal schriftlich bestätigen ließ und das Projekt auch in den dreißiger Jahren nochmals vorangetrieben wurde, konnte diese Verbindung nicht verwirklicht werden. Erst heute, mehr als 80 Jahre später, läuft ein entsprechendes Planfeststellungsverfahren, mit dem ein direkter Anschluss Kirchheims an das Heidelberger Straßenbahnnetz bis 2006 Wirklichkeit werden könnte.

3. Die Ausdehnung ins Umland (1911 – 1945)

Um 1905 hatte die Stadt Heidelberg eine Forcierung des Baus von Straßenbahnlinien in die Region beschlossen. Neben dem Erwerb der Straßenbahn Heidelberg – Wiesloch hatte die Stadt dabei auch bereits Verlängerungen in den Stadtteil Schlierbach und nach Eppelheim – Schwetzingen sowie nach Wieblingen im Auge, die aber erst später ausgeführt werden konnten.

Die Straßenbahn wächst in die Region

Der Anschluss des Stadtteils Schlierbach im Neckartal mit einer Straßenbahnstrecke im Zuge der Landstraße wurde schon kurz nach Einführung des elektrischen Betriebes diskutiert. Damals kreuzte die Straße allerdings zweimal die Eisenbahnstrecke nach Eber-

bach. Die Badische Staatsbahn verweigerte sich einer zweimaligen Kreuzung ihrer Strecke durch die Straßenbahn. Ein 1905 eingerichteter Autobusverkehr konnte das Verkehrsbedürfnis auch nicht befriedigen. So kehrte man zu den Straßenbahnplänen zurück, aber zunächst sah es so aus, dass man bis zu einer Verbesserung der Straße warten müsste. Schließlich fand sich doch noch ein Kompromiss: Die Wagen der Linie nach Schlierbach sollten nur morgens und abends auf ihrer Fahrt zum Depot den Übergang am Karlstor passieren und zwar nur nach Erlaubnis durch das Eisenbahnstellwerk am Karlstorbahnhof. Die Fahrgäste mussten also rund 90 Meter zwischen den Endstellen der Hauptstraßenlinie und der Schlierbacher Linie laufen. Am so genannten Weissen Übergang wurde eine besondere Sicherungsanlage eingebaut. Die Signale für die Eisenbahn wurden mit denen der Straßenbahn und zwei Straßenbahnweichen auf beiden Seiten des Übergangs gekoppelt. Standen die Eisenbahnsignale auf „Fahrt", dann waren diese Weichen so gestellt, dass keine Straßenbahn auf den Übergang fahren konnte.

Die Bauarbeiten im Auftrag der Stadt begannen im Frühjahr 1910. Am 1. November konnte die Strecke eröffnet und von der HSB betrieben werden. Sie war wiederum eingleisig mit Ausweichen vor dem Übergang Karlstor, bei der Teufelskanzel und in Schlierbach ausgeführt. Dadurch war ein Betrieb mit Beiwagen möglich. Gefahren wurde im Halbstundentakt, der an Sonn- und Feiertagen sowie im Sommerhalbjahr auch nachmittags auf einen 15-Minuten-Takt verdichtet wurde.

Ab 1. Mai 1911 wurde das Fahrtangebot auf den Stadtlinien ausgedehnt und der Abendverkehr bis Mitternacht verlängert. 1912 erfolgte aber auch schon die erste Streckenstilllegung. Nach Ausbau der Steubenstraße (damals: Mittelstraße) in Handschuhsheim wurde die Handschuhsheimer Linie in diese breitere Straße verlegt. Die knapp 1,2 Kilometer lange Neubaustrecke durch die Steubenstraße führte westlich an der Tiefburg vorbei und endete an der Biethsstraße am Rand von Handschuhsheim. Am 1. November 1912 fuhr der erste Zug. Die Gleise zwischen Blumenthalstraße und Grüner Hof wurden entfernt. Zu dieser Zeit erfolgte außerdem die komplette Erneuerung der Strecke nach Wiesloch.

Verlängerung ins Neckartal

1913 vergab die HSB zur besseren Unterscheidbarkeit ihrer Linien nun auch Liniennummern. Es gab drei verschiedene Linienarten: Stadtlinien (1 Schlachthaus – Handschuhsheim, 2 Hauptbahnhof – Karlstor und 3 Hauptbahnhof – Friedhof), Neckartalbahn (4 Karlstor –

Schlierbach) sowie Vorortbahnen (6 Hauptbahnhof – Kirchheim, 7 Hauptbahnhof – Leimen und 8 Hauptbahnhof – Wiesloch). Die Trennung in Stadt- und Vorortlinien wurde sehr lange beibehalten und bedingte für die Fahrgäste teils mehrfaches Umsteigen.

Die Liniennummer 5 wurde für die Verlängerung Schlierbach – Neckargemünd freigehalten, an deren Verwirklichung die Stadt bereits arbeitete. Nachdem sich die Strecke nach Schlierbach auch wirtschaftlich bewährt hatte, beschloss der Bürgerausschuss am 4. November 1912 den Bau der 5,1 Kilometer langen Strecke. Diese sollte dann an die HSB verpachtet werden. Die Eröffnung fand erst am 1. April 1914 statt, obwohl die Anlagen schon im Dezember 1913 fertig gestellt war. Von Anfang an war auch diese Verlängerung besonders unter Aspekten des Fremdenverkehrs vorangetrieben worden und die Touristen

Vierachser 91 biegt um 1914 aus der engen Durchfahrt von Schlierbach am „Schwarzen Schiff" zum Neckarufer ein. Die „Schüssel" auf dem Dach diente früher der Angabe des Fahrtziels und der Liniennummer

Repro: Fotostudio Gärtner, Slg. U. Hinzpeter

erwartete man nun einmal nur in den wärmeren Monaten. Die Strecke folgte der Landstraße und endete beim Hanfmarkt in Neckargemünd. Dort befand sich auch eine Ausweiche mit Abstellgleis für Beiwageneinsatz im Ausflugsverkehr. Die Linie 5 verkehrte halbstündlich, so dass sich zusammen mit der ebenfalls halbstündlich verkehrenden Linie 4 bis Schlierbach ein 15-Minuten-Takt ergab.

Zäsur durch den Ersten Weltkrieg

Neben der Erweiterung nach Neckargemünd war auch eine kurze Zweiglinie in die Gemeinde Ziegelhausen geplant gewesen, die auf dem anderen Neckarufer gegenüber Schlierbach liegt. Die Strecke sollte dort bis zum Gasthaus „Zum Lamm" führen. Die Pläne waren offenbar schon in einem sehr konkreten Stadium, denn beim

Bau der Neckarbrücke wurden gleich Schienen mitverlegt. Doch mit Kriegsausbruch war an einen Weiterbau nicht zu denken und nach dem Krieg fehlte es dann an den nötigen Finanzmitteln oder es gab dringendere Projekte.

Die Idee einer Straßenbahnverbindung nach Eppelheim und Schwetzingen lässt sich ebenfalls bis in die Zeit vor 1905 zurückverfolgen. Schwetzingen liegt etwa gleich weit von Mannheim und Heidelberg entfernt. Auch Mannheim betrieb eine expansive Ausdehnung seiner Straßenbahn ins Umland, um Arbeitskräften der Umlandgemeinden eine gute und schnelle Verbindung zu den Arbeitsplätzen in der Stadt zu bieten. Der Anschluss Schwetzingens stand dort lange auf der Tagesordnung, zumal die 1910 eröffnete elektrische Staßenbahn Schwetzingen – Ketsch 1911 in die Oberrheinische Eisenbahn-Gesellschaft AG (OEG) eingebracht wurde und sogar deren erste elektri-

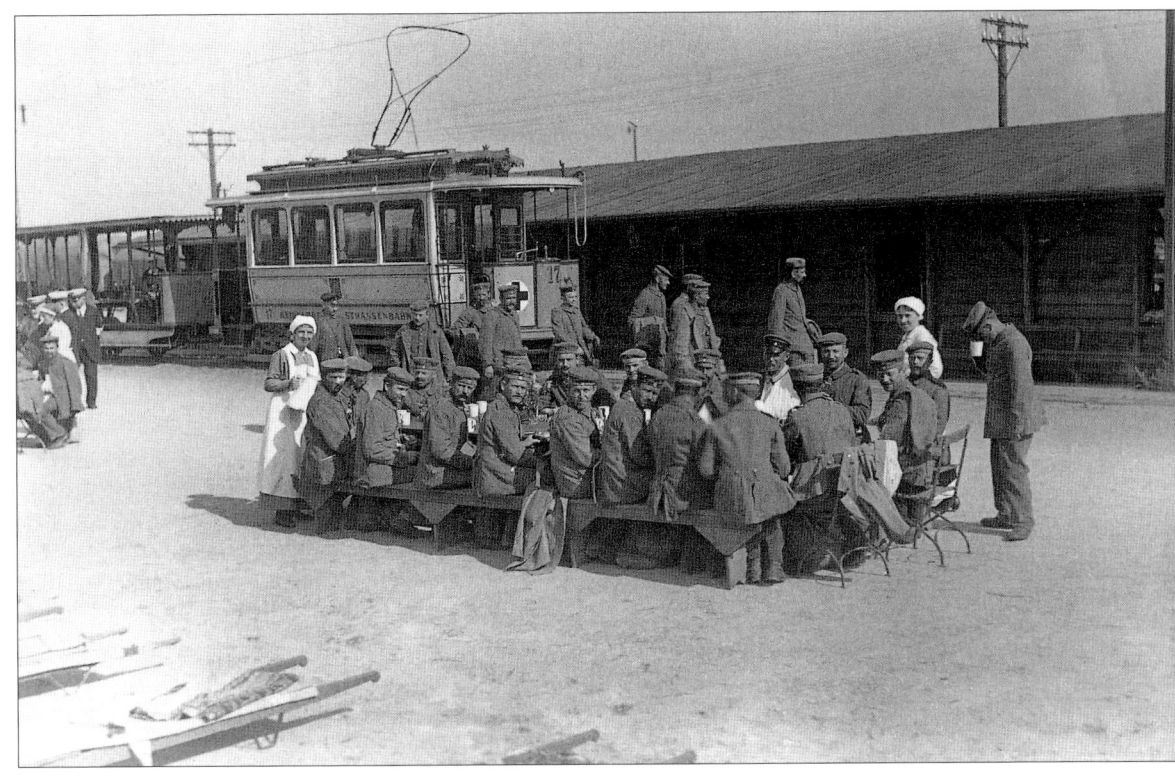

sche Linie war. Der Vorgänger der OEG hatte schon Straßenbahnstrecken von Schwetzingen nach Brühl und Heidelberg geplant. Die Stadt Heidelberg hatte ihrerseits am 9. August 1905 eine Konzession für die Strecke Heidelberg – Eppelheim – Plankstadt Schwetzingen erhalten. Da jedoch der Bau des neuen Güterbahnhofes eine Verlegung der Eppelheimer Landstraße erforderte und auch in Schwetzingen der Bau einer Brücke über die Rheintalstrecke der Eisenbahn abgewartet werden musste, konnte die Stadt bis 1912 nicht mit dem Bau beginnen. Dann ergab sich in Plankstadt der Bau einer neuen Straße, die wiederum eine günstigere Trassenführung ermöglichte und so wurde die Bauausführung nochmals zurückgestellt. Erst der Bau eines Gaswerks an der Eppelheimer Landstraße und das damit verbundene Verkehrsbedürfnis ließen den Bürgerausschuss am

16. April 1914 zu dem Schluss kommen, dass mit dem Bau eines vier Kilometer langen Streckenabschnitts vom Schlachthaus bis Eppelheim begonnen werden sollte. Die Strecke führte über die Czernybrücke entlang der Eppelheimer Landstraße bis zum Rathaus in Eppelheim. Sie sollte eingleisig mit zwei Ausweichen angelegt werden. Am 13. Juli begannen die Bauarbeiten. Doch kurz nach Kriegsausbruch musste man die Arbeiten bis 1915 unterbrechen, dann erst wurde die Gleisanlage fertig gestellt. Die Fahrleitung allerdings wurde erst nach Kriegsende aufgehängt. Lediglich ein kurzer Abschnitt über die Czernybrücke kam in Betrieb: 1913 hatte man eine Zweigstrecke zum neuen Güterbahnhof geplant, die später noch bis zur Eilguthalle verlängert werden sollte. Diese Strecke erhielt nun plötzlich kriegsbedingt eine neue Bedeutung, weil der Weitertransport der am

Im Ersten Weltkrieg wurde ein Gleis zum Güterbahnhof verlegt, damit man die Verwundeten mit der Straßenbahn ins Lazarett fahren konnte. Wagen 17 ist mit einem roten Kreuz gekennzeichnet, in die Sommerwagen waren Tragen eingebaut

Foto: Stadtarchiv Heidelberg

HEIDELBERGER STRASSEN- UND
BERGBAHN-AKTIEN-GESELLSCHAFT

Lit. B Nr. 01763   Mark 1000

AKTIE

über

EINTAUSEND MARK

REICHSWÄHRUNG

Inhaber dieser Aktie ist an dem Vermögen und den Erträgnissen der Heidelberger Straßen- und Bergbahn-Aktien-Gesellschaft mit dem Betrage von Eintausend Reichsmark nach Maßgabe des Statuts beteiligt. Den Vorschriften über die Gesellschaftssteuer ist nach der Bescheinigung des Finanzamtes in Heidelberg vom 25. Juli 1923, Nr. 271 des Anmeldungsbuches, genügt.

Heidelberg, den 24. Juli 1923

HEIDELBERGER STRASSEN- UND
BERGBAHN-AKTIEN-GESELLSCHAFT

Der Aufsichtsrat: *Der Vorstand:*

Im Juli 1923 erhöhte die HSB ihr Stammkapital. In diesem Zusammenhang wurden auch neue Aktien herausgegeben

Foto: Archiv G. Kleinewefers

Güterbahnhof eintreffenden Verwundeten in die Heidelberger Lazarette mit den ruhig laufenden Straßenbahnen schonender war als mit Fuhrwerken über Kopfsteinpflaster. Die Strecke wurde teils nur provisorisch angelegt und konnte so in sehr kurzer Zeit bis September 1914 fertig gestellt werden. Eine Konzession für die Strecke wurde sogar erst am 21. Juni 1915 erteilt. Für den Transport der Tragen hatte man 17 offene Wagen entsprechend hergerichtet. Der erste Abschnitt der Strecke ging schon am 8. Juni 1914 in den Linienbetrieb. Der Pendelwagen von der Czernystraße zum Schlachthaus verkehrte dann im September 1914 weiter bis zum Güterbahnhof. Die Nachfrage blieb aber sehr gering und so wurde der Linienbetrieb im Zuge der kriegsbe-

dingten Sparmaßnahmen schon im Juni 1915 wieder eingestellt. Eine Verlängerung für den Kohlentransport zum Kraftwerk im Jahre 1917 wurde 1918 wieder entfernt, die Gleisanlage der Zweigstrecke verschwanden großenteils Anfang 1919, als der Güterbahnhof fertiggestellt werden sollte.

Ein Kriegsfahrplan galt schon ab November 1914. Unmittelbar nach der Mobilmachung fehlte der HSB mehr als die Hälfte des Personals. Die verbliebenen Mitarbeiter konnten diese Lücke trotz enormer Einsatzbereitschaft nicht vollständig schließen. Als weitere Einberufungen folgten, stellte die HSB zunächst im Schaffnerdienst Frauen ein. 1915 genehmigte die Aufsichtsbehörde dann „probeweise" (!) den Einsatz von Frauen auch im Fahrdienst. 1916 waren die Folgen des Mangels an Fachpersonal in den Werkstätten und an Material allgemein nicht mehr zu übersehen. Schäden an Fahrzeugen und Strecken konnten nicht mehr behoben werden. Weil es allerdings in Mannheim noch schlimmer aussah, mussten einige HSB-Fahrzeuge nach dort verliehen oder gar abgegeben werden. Als dann im Kriegswinter 1917 die Kohlen knapp wurden, musste der Fahrplan sogar noch weiter eingeschränkt werden. Die Fahrzeuge waren völlig überfüllt.

Mit der Straßenbahn durch die Inflationszeit

Nach dem Krieg konnten die Erneuerungsarbeiten dann nicht weiter aufgeschoben werden und die HSB war durch die fortschreitende Geldentwertung gezwungen, immer höhere Preise für das Material zu bezahlen. An neue Strecken war da nicht zu denken. Dies betraf die geplante Linie nach Kirchheim – Walldorf (– Wiesloch) und die Verbindung nach Ziegelhausen ebenso wie die vor 1914 begonnene Planung einer Strecke vom Schlachthaus über die

Güterbahnbrücke der OEG ins Neuenheimer Feld zu einem geplanten Zentralfriedhof.

Das Jahr 1919 brachte am 4. April zunächst die Inbetriebnahme der nun mit Fahrleitung versehenen Strecke nach Eppelheim. Hier verkehrte eine Linie 10 ab Schlachthaus im Anschluss an die Linie 1. Wegen der Kohlenknappheit musste die HSB aber weiterhin Strom sparen und konnte so nur einen eingeschränkten Fahrplan anbieten. Dennoch beförderte sie in diesem Jahr mit rund 16,7 Millionen Fahrgästen viel mehr Menschen als je zuvor in ihrer Geschichte. Etwa 69.000 Einwohner hatte Heidelberg zu diesem Zeitpunkt.

Der Streckenabschnitt von der Tiefburg zur Biethsstraße wurde als Sparmaßnahme stillgelegt. Dafür wurde eine Linie 9 vom Hauptbahnhof nach Rohrbach neu eingerichtet. Noch schlimmer traf die HSB dann die Inflation. Sie erhöhte zwar immer wieder die Fahrpreise, verlor dadurch aber immer mehr Fahrgäste. Für die zwischen 1920 und 1922 nicht mehr aufschiebbaren Erneuerungen der Anlagen der Stadtlinien musste die HSB auf Darlehen zurückgreifen. Die andauernde Geldentwertung macht dann eine Neuordnung der Finanzen notwendig. Am 24. Juli 1923 übertrug die Stadt folgende Anlagen an die HSB: die Strecken Heidelberg – Wiesloch mit der Zweigstrecke von Rohrbach nach Kirchheim und das Depot in Leimen, die Strecke vom Karlstor nach Neckargemünd und die Strecke vom Schachthaus nach Eppelheim, Gelände und Gebäude des Betriebshofes am Schlachthaus sowie die obere Bergbahn. Die Stadt erhielt als Gegenwert Stammaktien im Wert von 80 Millionen Mark und Vorzugsaktien im Wert von 10 Millionen Mark, nachdem das Grundkapital der HSB auf 101,235 Millionen Mark erhöht worden war. Der HSB gehörten nun alle Straßenbahnlinien mit einer Gesamtlän-

ge von 33,8 Kilometern und beide Bergbahnen (nebst Turmaufzug). Die weitere Inflation stellte schließlich die wirtschaftliche Existenz der HSB derart in Frage, dass der Betrieb vom 26. November 1923 bis zum 20. Januar 1924 eingestellt werden musste. 1923 fuhren nur noch 5,1 Millionen Fahrgäste mit der Straßenbahn. 1924 wurde durch Vermittlung eines Bankenkonsortiums sogar eine Mehrheit der HSB-Stammaktien der Stadt Mannheim zum Kauf angeboten. Diese hatte jedoch gerade erst die OEG wirtschaftlich wieder auf die Beine gestellt und lehnte den Kauf daher ab.

Bergheimer Straße 1928: Ausweiche der Straßenbahn kurz vor dem Schlachthof, das rechte Gleis diente allein der OEG
Foto: HSB, Slg. Röth

Ein Triebwagen verlässt die Ausweiche Rosenbergweg in Richtung Endstelle
Foto: Slg. N. Engler

Heidelberg-Handschuhsheim
Handschuhsheimer Landstraße

Foto: Stadtarchiv Heidelberg

Im Rahmen der Begradigung der Schlierbacher Landstraße verschwand 1936 auch diese enge Durchfahrt in Schlierbach. Am 22. Oktober 1935 wurde sie noch einmal im Bild festgehalten

Mit der Goldmark zurück zur Normalität

Zwischen dem 21. und 23. Januar 1924 nahmen die Straßenbahnlinien ihren Betrieb beginnend mit der Linie 10 wieder auf. Bald konnten auch erste Erneuerungsmaßnahmen eingeleitet werden, so am Bismarckplatz, wo nun eine Umsteigehaltestelle entstand. Bis zum 1. Oktober 1925 erreichten die Betriebsleistungen dann wieder den Stand von 1914. Mit der Eingemeindung Wieblingens im Jahre 1920 wurden auch die Pläne für dessen Anschluss an das

Straßenbahnnetz wieder aktuell. Die OEG-Strecke verlief damals abseits der Bebauung, so dass die Stadt den Gedanken einer Straßenbahnverbindung über die OEG-Gleise bald wieder verwarf. Als der Bürgerausschuss dann am 15. September 1921 den Bau einer eigenen Straßenbahnlinie nach Wieblingen beschloss, wehrte sich die OEG gegen die Anlage einer konkurrierenden Bahn, zumal die OEG seinerzeit selbst um ihre wirtschaftliche Existenz kämpfte. Daher bot die OEG der Stadt Heidelberg an, ihre Strecke vom Schlachthaus bis nach Wieblingen zwei-

wirtschaftlichen Lage reichte Heidelberg erneut ein Gesuch um eine Konzession ein. Das Finanzministerium bestand allerdings auf einer gütlichen Einigung, für die man schließlich folgenden Kompromiss fand: Heidelberg stellte der OEG bei Elektrifizierung ihrer Strecke das Gelände für eine Wendeschleife am Bismarckplatz zur Verfügung und entschädigte die OEG finanziell für ihren Einnahmeverlust, der sich aus der Einrichtung einer direkten Straßenbahnlinie nach Wieblingen ergab. Mannheim zog seinen Einspruch zurück und Heidelberg erhielt am 10. August 1925 die Baugenehmigung. Bald darauf begannen die Arbeiten, in deren Verlauf die Wieblinger Landstraße verbreitert wurde. Die eingleisige Strecke zweigte kurz hinter dem Betriebshof von der Eppelheimer Strecke ab und führte dann auf der nördlichen Seite der Wieblinger Landstraße durch Wieblingen bis zum westlichen Ortsrand, wo sich auch eine Ausweiche befand. Die Genehmigung war für den Abschnitt nördlich der katholischen Kirche nur bis auf Widerruf ausgestellt. Hier war die Ortsdurchfahrt sehr eng, so dass man schon damals Probleme mit dem Verkehr befürchtete. Die Behörde forderte für diesen Fall sogar schon den Bau einer Umgehungsstraße für Wieblingen oder die Rücknahme der Straßenbahn bis zur Kirche! Die Eröffnung der 3,5 Kilometer langen Strecke erfolgte am 17. März 1926. Es verkehrte zunächst im Halbstundentakt eine Linie 12 bis zum Schlachthaus, wo Anschluss zur Linie 1 bestand.

Straßenbahn nach Schwetzingen

Obwohl der Bau einer Straßenbahn nach Schwetzingen 1914 schon vom Heidelberger Stadtrat beschlossen worden war, hatte Heidelberg durch die

gleisig auszubauen und ihre Strecke ab Bismarckplatz zu elektrifizieren. Die HSB sollte so lange den Betrieb nach Wieblingen mit ihren Fahrzeugen über die OEG-Strecke abwickeln, bis die OEG dies mit eigenen elektrischen Fahrzeugen durchführen konnte. Alternativ bot die OEG kurzfristig auch den Einsatz zusätzlicher Dampfzüge an. Die Stadt blieb bei ihrem Plan für eine eigenständige Linie nach Wieblingen. Am 6. April 1922 erhob dann die Stadt Mannheim als Eigner der OEG Einspruch gegen eine Konzessionserteilung. Erst nach einer Verbesserung der

Der Bismarckplatz in den dreißiger Jahren mit vier Straßenbahnen, zwei Autos, einem Pferdefuhrwerk, einem Handwagen und diversen Zweirädern

Foto: Slg. N. Engler

zwischen November 1926 und April 1927 vor allem als Arbeitsbeschaffungsmaßnahme erbaut. Am Ortsrand von Schwetzingen querte sie die damals bestehende Eisenbahnstrecke Heidelberg – Schwetzingen – Speyer. Auch hier waren Signale aufgestellt. Die Straßenbahn nahm dann ihren Weg über die Eisenbahnbrücke (Strecke Mannheim – Karlsruhe) und bog in die Carl-Theodor-Straße ein, wo sie ein kurzes Stück (bis zur Friedrichstraße) parallel zur Straßenbahn Schwetzingen – Ketsch verlief. Das aber nicht lange: Da die Ketscher seit 1920 direkt mit der Eisenbahn nach Mannheim fahren konnten, waren

Eingemeindung Wieblingens zunächst eine Strecke in den neuen Stadtteil bauen müssen. Die Strecke in das zur gleichen Zeit eingemeindete Kirchheim war zwar ebenfalls vertraglich zugesichert worden, doch kam hier der damit verbundene Hauptbahnhofsneubau nicht voran. Folglich konnte man sich 1926 der Strecke nach Schwetzingen zuwenden. Dafür musste ein Geländestreifen neben der Landstraße von Eppelheim nach Plankstadt erworben werden. Die Plankstädter Bauern wollten natürlich zu einem möglichst guten Preis verkaufen. Legendär ist inzwischen der Ausspruch eines Bauern auf einer Versammlung im Plankstädter Rathaus geworden: „Was brauche mer ä Strossebohn? Mer hewwe Gail!" (Wir haben Pferde.) Nachdem man sich mit den Plankstädtern handelseinig geworden war, gab es in Schwetzingen Widerstand, weil einige Bürger in einer Straßenbahn eine Verschandelung des historischen Schlossplatzes vor dem Schwetzinger Schloss sahen. Erst nach der Anhörung von Sachverständigen und einigen Gutachten wurde in Schwetzingen die Gleisschleife rund um den Platz akzeptiert. Die eingleisige Trasse mit 4,6 Kilometern Länge verlief in Seitenlage der Landstraße. Die Strecke wurde in genau fünf Monaten

die Fahrgastzahlen dieser Straßenbahn-Linie entsprechend zurückgegangen. Die Strecke wurde bereits am 31. März 1938 stillgelegt. Am 9. April 1927 fuhr der erste Zug der neuen Linie 11 vom Heidelberger Schlachthaus nach Schwetzingen. Dabei kam es zu einem kuriosen Zwischenfall: In Plankstadt spannte ein Fuhrunternehmer zwei Pferde vor den festlich dekorierten Triebwagen. Die Plankstädter „Gail" hatten sich damit endgültig in der Heidelberger Straßenbahngeschichte verewigt. Auch die Linie 11 wurde im Halbstundentakt betrieben. Zusammen mit der Linie 10 bestand bis Eppelheim

ein Viertelstundentakt. Die Linie wurde sehr gut angenommen und Schwetzingen erlebte einen Aufschwung im Fremdenverkehr, dessen Hauptanziehungspunkt (bis heute) das Schloss und der Schlossgarten sind.

Veränderungen im Stadtnetz

Im Jahre 1928 erzielte die HSB mit 17 Millionen Fahrgästen – auf einem deutlich verlängerten Netz – eine neue Erfolgsmarke. Sie reagierte mit einer Verbesserung des Fahrplanangebots: Bis 23.30 Uhr fuhren alle Stadtlinien nun im Sechs-Minuten-Takt. Die Linie 2

Kurz vor Neckargemünd machte die Linie 5 ihrem Namen als „Neckartalbahn" alle Ehre.

Foto: HSB-Archiv, Slg. H. Röth

durch die Hauptstraße fuhr sogar im Vier-Minuten-Takt. Als jedoch 1929 die Erneuerung der Gleise in der Haupt-straße anstand, wurde überlegt, ob man diese Linie nicht auf Omnibusverkehr umstellen sollte. Die damaligen Berech-nungen ergaben, dass man dann min-destens 50 Prozent mehr Omnibusse als Straßenbahnwagen benötigt hätte und somit die Hauptstraße dadurch noch viel stärker belastet worden wäre, als durch den Straßenbahnverkehr. Ferner wäre dann die Linie ins Neckartal vom übrigen Netz getrennt worden.

Im gleichen Jahr trat der Gemein-schaftsbetrieb von HSB und OEG in Kraft: ab 6. Oktober 1929 wurden in Bergheimer Straße, Sofienstraße, Brückenstaße, Handschuhsheimer Land-straße und Steubenstraße die bisher parallel verlegten eingleisigen Strecken durchgehend zweigleisig im Rechtsver-kehr befahren. Jede Gesellschaft war aber weiterhin für ihr jeweiliges Gleis zuständig. Noch lange arbeiteten an den beiden Gleisen mit unterschiedli-chem Eigentümer unterschiedliche Fir-men nebeneinander. Am Bismarckplatz war eine Gleisschleife entstanden, die je ein Aufstellgleis für die OEG und eins für die HSB erhielt. Mit dieser neuen Wendemöglichkeit wurde dann auch das bisherige Betriebsschema aufgege-ben, das immer noch strikt Stadtlinien und Überlandlinien unterschied: Die Linien nach Schwetzingen und Wieb-lingen begannen bis dahin am Schlacht-haus, die Linien nach Wiesloch und Kirchheim am alten Hauptbahnhof und die Linien ins Neckartal begannen – ei-senbahnbedingt – erst am Karlstor. 1929 wurden nun zunächst die Überlandlini-en 10, 11 und 12 aus dem Westen bis zur neuen Gleisschleife am Bismarckplatz verlängert. Außerdem gab es einen Nummerntausch. Seitdem wurde die wichtigste Linie durch die Hauptstraße mit der Nummer 1 bezeichnet, wäh-rend die Linie zum Schlachthof die

Nummer 2 erhielt. Gleichzeitig entfiel die Linie 9 vom Hauptbahnhof nach Rohrbach, das seit 1927 zu Heidelberg gehörte. Diese Einstellung stand ver-mutlich im Zusammenhang mit dem Einsatz neuer, längerer Fahrzeuge auf den südlichen Linien, wodurch nun mehr Menschen in weniger Zügen be-fördert werden konnten. Doch schon ein Jahr später kehrte die 9 zurück, damit bis Rohrbacher Markt wieder alle sieben bis acht Minuten eine Straßenbahn fuhr. Wegen der neuen Wirtschaftskrise war diesem Angebot allerdings kein langes Leben beschieden, mochten die Rohr-

bacher auch noch so viel protestieren: ab 1. Februar 1931 fuhr nur noch alle zwölf Minuten eine Straßenbahn nach Rohrbach. Alle 24 Minuten wurde bis Kirchheim und Leimen gefahren, alle 48 (Linie 8) bis Wiesloch.

Auch eine Verlängerung der Linie 2 wieder bis zum Güterbahnhof blieb eine kurze Episode vom 1. Dezember 1929 bis zum 16. Juli 1930. Am Güterbahnhof hatte man ebenfalls eine Wendeschleife angelegt, die aber viel zu eng war und dadurch zu hohen Abnutzungserscheinungen führte. Nach wenigen Wochen wurde die Schleife schon nicht mehr be-

nutzt. Auch an der Tiefburg sollte eine Wendeschleife durch Biethsstraße und Dossenheimer Landstraße entstehen. Die Genehmigung wurde 1929 erteilt, einige Fahrleitungsmasten waren sogar bereits aufgestellt, als das Projekt dem Rotstift zum Opfer fiel.

Ab 1933 stabilisierte sich die Zahl der Fahrgäste in den folgenden Jahren bei etwa 11 Millionen. So konnte die HSB die Gelegenheit nutzen, als die Deutsche Reichsbahn ihre Strecke Heidelberg – Eberbach verlegte und damit der Bahnübergang am Karlstor und der Weiße Übergang entfielen. Nach An-

Das Karlstor kurz vor dem Umbau 1937, nach dem die Tram das Tor nur noch umrundete

passung der Gleisanlage und Einbau von zwei neuen Ausweichen konnten auch die Linien aus dem Neckartal direkt in die Stadt geführt werden. Am 2. Oktober 1933 verband die HSB die bisherigen Linien 5 und 12 zu einer neuen Linie 5 Wieblingen – Neckarge-

münd, die im 20-Minuten-Takt verkehrte. Die Linie 5 führte ab sofort die Zusatzbezeichnung „Neckartalbahn". Die bisherige Linie 4 (Karlstor – Schlierbach) wurde überflüssig. Als weitere Folge des Eisenbahnumbaus wurde die Schlierbacher Landstraße begradigt,

in Lohn und Brot gebracht, so beschäftigte man im Jubiläumsjahr 306 Mitarbeiter. Die Beförderungszahl stagnierte aber bei 11,02 Millionen Fahrgästen, obwohl im Einzugsgebiet der HSB nun 125.000 Menschen lebten. Zwei Monate später wurde eine Kapitalherabsetzung bei der HSB im Verhältnis 5:1 vorgenommen. Die Stadt Heidelberg hielt nun 69 Prozent der HSB-Aktien.

Straßenbahn ins Neuenheimer Feld

1938 entstand rund um das Karlstor eine weitere Wendeschleife. Das einfache Umkehren eines Zuges galt inzwischen gegenüber dem Umrangieren des Triebwagens um die Beiwagen als betrieblich einfacher.

Lange Zeit hatte Heidelberg einen Zentralfriedhof im Neuenheimer Feld geplant. Für dessen Verkehrsanbindung war zuerst eine Straßenbahnlinie über die Güterstrecke der OEG geplant gewesen, deren Bau dann allerdings durch den Ersten Weltkrieg verhindert worden war. Danach plante man eine Straßenbahnstrecke durch die Mönchhofstaße. Beim Bau der Hindenburgbrücke (heute: Ernst-Walz-Brücke) wurden 1928 Gleise für eine Straßenbahnlinie vom neuen Hauptbahnhof ins Neuenheimer Feld verlegt. Der neue Hauptbahnhof ließ auf sich warten, auch der Bau des Zentralfriedhofes erfolgte nicht. Stattdessen wurde ein Klinikkomplex errichtet, der 1939 eröffnet wurde und nun eine Verkehrsverbindung erforderte. Offenbar rechneten verantwortliche Stellen bereits fest mit einem Krieg, denn bei den Verhandlungen über diese Strecke spielte ihre Verwendbarkeit für Verwundetentransporte wie 1914 bis 1918 eine Rolle. Die Bauarbeiten an der gut 670 Meter langen, teils zweigleisigen Strecke begannen schon am 10. Februar 1939, obwohl die Genehmigung zum Bau und Betrieb

wodurch die enge Ortsdurchfahrt in Schlierbach entfiel. Die HSB nutzte dies zum zweigleisigen Ausbau ihrer Strecke vom Karlstor nach Schlierbach. Am 13. Mai 1935 blickte die HSB auf ein 50-jähriges Bestehen zurück. Hatte die Pferdebahn anfangs 24 Mann Personal

erst am 21. Juni 1939 erteilt wurde. Der erste planmäßige Zug fuhr dann am 3. Juli 1939. Fortan verkehrte jeder zweite Zug der Linie 2 nicht mehr zum Schlachthaus, sondern zur Chirurgischen Klinik und führte dann die Liniennummer 2a. Bei Kriegsausbruch wurde innerhalb weniger Wochen die Strecke mit einem Provisorium um 120 Meter bis an die Chirurgische Klinik verlängert. Die Straßenbahn transportierte nun wieder Verwundete.

Eine zweite kurze Neubaustrecke wurde erst nach Kriegsbeginn in Betrieb genommen, denn die Strecke der Linie 5 durch die Theodor-Körner-Straße nach Wieblingen war bei einem Umbau der Einmündung der Reichsautobahn im Weg. Seit dem 15. November 1939 fuhr die Linie 5 dann über eine teils zweigleisig angelegte, 870 Meter lange Neubaustrecke vom Schlachthof durch

die Vangerowstraße sowie die Emil-Maier-Straße.

Kriegsbedingte Betriebseinschränkungen

Dass sie im Zweiten Weltkrieg vergleichsweise glimpflich davonkommen sollten, konnten die Heidelberger nicht wissen. Die Verdunklungsmaßnahmen betrafen sie ebenso wie die meisten anderen Menschen in Europa. Ebenso gehörte der Fliegeralarm später zum Alltag in der Stadt. Gleich nach Kriegsbeginn stiegen die Fahrgastzahlen deutlich an. Erstmals wurde die 18-Millionen-Marke überschritten. Wiederum sorgten die Einberufungen für Personalmangel, obwohl sofort wieder Schaffnerinnen eingestellt wurden. Je länger der Krieg allerdings dauerte, desto größer wurde der Personalman-

Ende der dreißiger Jahre wirkt die Szenerie mit den Bauarbeiten an der Landstraße südlich von Rohrbach noch dörflich
Foto: Stadtarchiv Heidelberg

gel. Bald wurden weitere weibliche Aushilfskräfte, dann Arbeitsmaiden und schließlich Schüler als Hilfsschaffner eingestellt. Bis 1943 konnte damit der Verkehr weit gehend aufrecht erhalten werden. Die weniger bedeutende Linie 3 zum Friedhof wurde allerdings vom 30. Januar 1940 bis zum 6. Oktober 1941 und dann wieder ab 11. August 1941 (bis 31. August 1948) eingestellt. Ein Abwurf von rund 50 Brandbomben auf den Betriebshof im April 1941 hatte keine größeren Folgen, weil das Luftschutzpersonal beherzt eingriff und die Brände schnell löschen konnte. Dennoch wurden danach wie in anderen Städten auch nachts viele Straßenbahnwagen auf der Straße abgestellt, um bei Bombenangriffen möglichst nicht alle Fahrzeuge zu verlieren.

In den ersten Kriegsjahren konnten wenigstens noch die nötigsten Arbeiten durchgeführt werden. Zwischen Markscheide und Eichendorffplatz in Rohrbach entstand ein knapp 450 Meter langer zweigleisiger Abschnitt und die Strecke in der Steubenstraße wurde teils zweigleisig ausgebaut. An der Chirurgischen Klinik entstand eine Ausweiche und ebenso in der Steubenstraße, danach tauschten die Linien 2 und 2a ihre Äste, die „2" fuhr fortan zur Klinik.

Je länger der Krieg dauerte, desto mehr machten sich Verschleiß und Materialmangel an den stark beanspruchten Wagen sowie der Personalmangel bemerkbar. Vom 27. Oktober 1943 bis zum 18. Januar 1944 und vom 9. Oktober 1944 bis zum 27. Oktober 1945 konnte die Linie 1 nicht mehr bedient werden. Dabei stiegen jedoch die Beförderungszahlen weiterhin steil an: 1943 und 1944 wurden fast 35 Millionen Menschen mit der Straßenbahn befördert!

Im Jahre 1944 wurden weitere Einschränkungen eingeführt. Ab 1. November 1944 nahm die HSB einen Straßenbahngüterverkehr auf, mit dem u.a. Lebensmittel etc. transportiert wur-

den. Besonders wichtig war aber die Beförderung von Zement aus Leimen zum OEG-Güterbahnhof. Die OEG brachten den Zement dann weiter ins schwer zerstörte Mannheim. Dafür wurde extra ein Betriebsgleis eingerichtet, mit dem man die Wendestelle auf dem Bahnhofsvorplatz umfahren konnte.

Ab Ende 1944 wurde der Betrieb häufig durch Fliegeralarm unterbrochen. Vor allem auf den Außenlinie wurden die Züge dabei auch beschossen. Kurz vor Einmarsch der amerikanischen Truppen am 29. März 1945 wurden noch die Neckarbrücken gesprengt. Der Straßenbahnverkehr wurde dann komplett eingestellt. Für Heidelberg war der Krieg vorbei; wenn auch die neue Zeit zunächst noch etliche Entbehrungen abverlangen sollte.

Ende der dreißiger Jahre fotografierte Straßenbahnfahrer L. Wolf seinen Kollegen Georg Schnauber an der Endstelle Neckargemünd
Foto: Slg. K.-H. Wolf

Diese Aufnahme von der Gleiserneuerung am Bahnübergang der Rohrbacher Straße (ca. 1939) zeigt, wie sehr die alte Trassierung der Eisenbahn nach Eberbach die Stadt und auch den Straßenbahnverkehr in zwei Hälften teilte. Hier brandet heute der Autoverkehr

Foto: HSB-Archiv, Slg. H. Röth

Der neue Hauptbahnhof

Der Hauptbahnhof von Heidelberg lag ursprünglich ebenerdig in der Nähe des Bismarckplatzes mit einem Vorplatz an der Rohrbacher Straße nördlich der heutigen Kreuzung mit der Kurfürsten-Anlage. Die südlich davon verlaufende Bahnhofsstraße trägt ihren Namen also zurecht. Die südlichen Gleise führten durch den Gaisbergtunnel (er dient heute als Straßentunnel) in Richtung Neckartal. An der Rohrbacher Straße gab es einen Bahnübergang.

Schon 1873 wurde erstmals vorgeschlagen, den Bahnhof zu verlegen. Seinerzeit begannen viele Städte, ihre bis dahin ebenerdigen Bahnanlagen auf Dämme zu verlegen. Um 1890 erarbeitete die Staatsbahn ein entsprechendes Projekt für Heidelberg. Der Bürgerausschuss stritt heftig darüber, ob der Bahnhof am alten Standort neu gebaut, einen Kilometer westlich davon oder gar in Neuenheim gebaut werden sollte. Die Staatsbahn schlug daraufhin 1901 einen Bahnhof in Hochlage vor, um den Straßenverkehr nicht mehr zu behindern. Heidelberg stimmte zu. Bis 1903 wurden die Pläne aber wesentlich verändert: Neubau eines Personenbahnhofs mit zehn Bahnsteigen (!) in Tieflage einen Kilometer westlich des jetzigen Standortes. Der Güterbahnhof entstand nochmals 400 Meter westlich davon. 1908 begannen die Bauarbeiten: es wurde ein riesiges Loch ausgehoben – das „Baggerloch". Als erstes wurden die Straßenbrücken über das Baggerloch fertig gestellt. Bis zum Ersten Weltkrieg konnten aber nur der Königsstuhltunnel und der Güterbahnhof fertig gestellt werden. Erst 1926 ging es weiter mit Betriebsbahnhof, Bahnbetriebswerk und Verlegung des Karlstorbahnhofs.

Mit Verspätung errichtet

Bis 1939 wurden die Pläne für den Personenbahnhof nochmals reduziert, der nun endlich 1942 fertig gestellt werden sollte. Doch in den Kriegs- und Nachkriegsjahren tat sich zunächst nichts im „Baggerloch", Material und Arbeitskraft wurden anderswo nötiger gebraucht. In der bis 1950 auf 120.000 Einwohner angewachsenen Stadt (US-amerikanische Besatzungstruppen nicht eingerechnet) wurde die ständige Behinderung des Stadtverkehrs durch die Eisenbahn untragbar. Die Pläne wurden dann zum wiederholten Mal überarbeitet und nochmals gestrafft. Am 8. Mai 1955 löste endlich der neue Hauptbahnhof mit nunmehr sechs Bahnsteigen den alten Bahnhof ab. Das alte Bahngelände wurde geräumt und anschließend entstand hier die breite Kurfürstenanlage mit neuer Bebauung.

Zeichenerklärung:
Bebaute Flächen
vorhandene
neue   } Bahnflächen
wegfallende
Reisezuggleise
Güterzuggleise
Autobahn
Schiffsumschlag-Flächen

Maßstab
1   2 Km

Schloß
Königstuhl 556m
Molkenkur

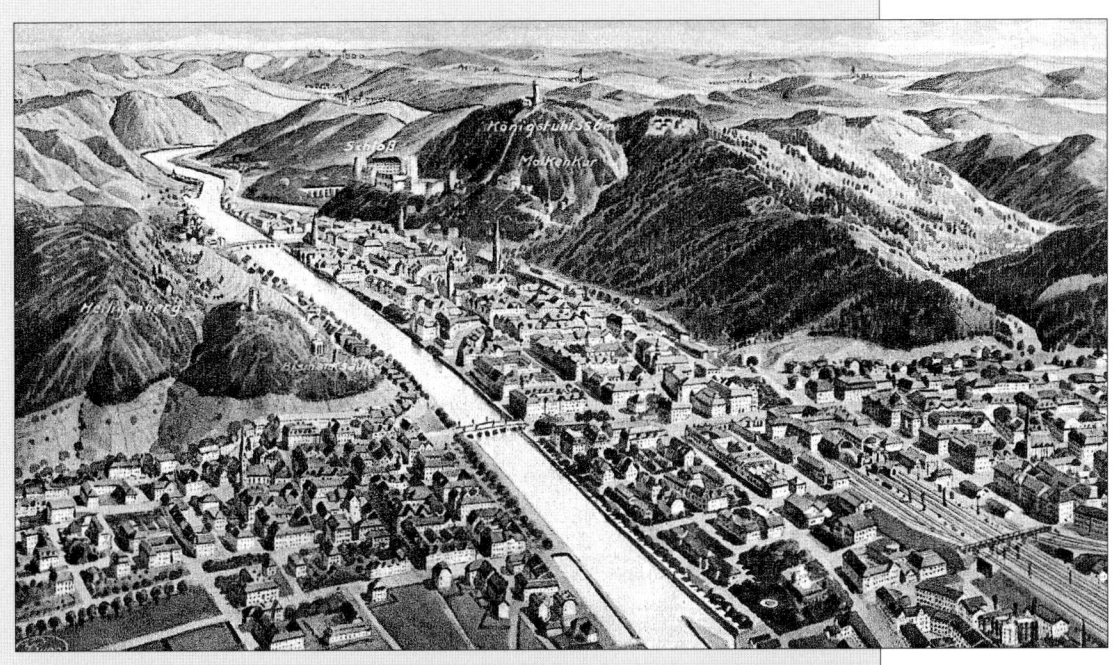

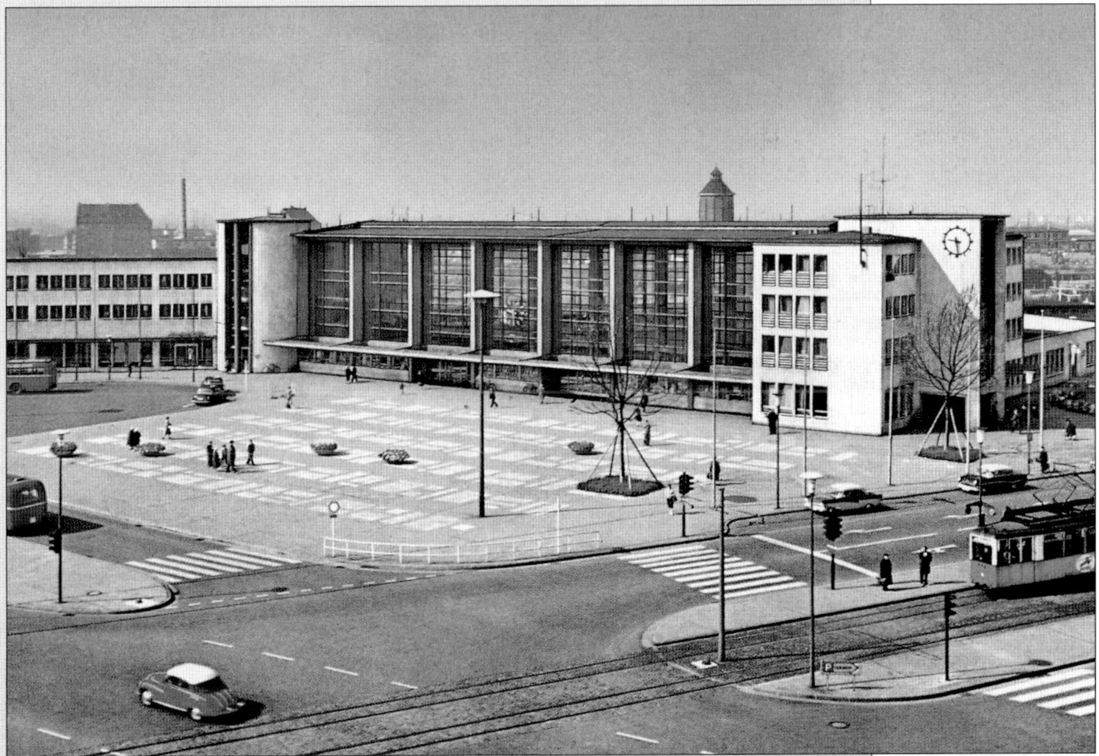

4. Ausbau und Modernisierung (1945 – 1960)

Die Übersichtsaufnahme (ca. 1954) verdeutlicht das Verkehrsgewühl am Bismarckplatz: Der Autoverkehr verlief zwischen den Gleisen der Straßenbahn und der OEG (rechts). Oben rechts zu sehen: die alte HSB-Verwaltung

Foto: Stadtarchiv Heidelberg

**Die wieder eröff-
nete Friedrichs-
brücke (heute
Theodor-Heuss-
Brücke) im
Fahnenschmuck.
Im Bild ein Zug
der Linie 2, der
zwei umgebaute
Pferdebahnwagen
mitführt. Das gab
es so bis 1955**

Foto: Stadtarchiv Heidelberg

Nach dem Einmarsch der amerikanischen Truppen am Karfreitag, dem
30. April 1945, begann sich das Leben in
Heidelberg nur langsam wieder zu nor-
malisieren. Die ersten Straßenbahnen
fuhren wieder am 19. Mai vom Leimener Depot bis zur Dantestraße und von
der Dantestraße bis zur Waggonfabrik
Fuchs (Kirchheim). In kleinen Schritten
wurden weitere Strecken eröffnet: Depot Heidelberg – Plankstadt bzw. Wieblingen (23. Mai), Depot – Bergheimer
Straße – Bismarckplatz (25. Mai), Karlstor – Schlierbach (27. Mai), Dantestraße

– Hauptbahnhof und restlicher Abschnitt in Kirchheim (1. Juni). Am
2. Juni konnten auch die vor der
Brückensprengung auf das nördliche
Neckarufer verbrachten Fahrzeuge einen Betrieb zwischen der Ladenburger
Straße und Handschuhsheim aufneh-
men. Ab 15. Juni fuhr die Straßenbahn
von Leimen weiter nach Wiesloch, ab
13. Juni bis zum Kümmelbacherhof, ab
1. Oktober bis Neckargemünd, ab
10. September bis Schwetzingen und ab
28. Oktober fuhr die Straßenbahn wieder mit Fahrgästen zwischen Haupt-

bahnhof und Karlstor. Ab 21. November querte die Linie 2 nach Handschuhsheim über eine Holzbrücke wieder den Neckar. Hier hatte die HSB einen Ruderbootverkehr eingerichtet (!), der bis zum Wiederaufbau der Karl-Theodor-Brücke im Einsatz blieb. Ende 1945 war das Straßenbahnnetz in etwas vereinfachter Form wieder in Betrieb:
Linie 1 Hauptbahnhof – Karlstor
Linie 2 Schlachthof – Handschuhsheim
(der Abzweig zur Chirurgischen Klinik blieb bis zum Wiederaufbau im Jahre 1953 außer Betrieb)

Linie 5 verkehrte geteilt: Karlstor – Neckargemünd und Bismarckplatz – Wieblingen
Linie 6 Hauptbahnhof – Kirchheim
Linie 8 Hauptbahnhof – Wiesloch
Linie 11 Bismarckplatz – Schwetzingen
1946 wurden die Linie 1 bis Schlierbach verlängert und der östliche Teil der Linie 5 entsprechend verkürzt.
Was sich auf dem Papier so einfach liest, bedeutete selbst im praktisch unzerstörten Heidelberg einen enormen Kraftakt. Es fehlte an allem: Material, Fachkräfte und Strom. Im Herbst 1947 herrschte sonntags gar Betriebsruhe, um Strom zu sparen. Ein Viertel des Wagenparks war noch Ende 1945 nicht einsetzbar. Die übrigen Fahrzeuge waren völlig überfüllt. Die mangelnde Wartung und auch die Überbeanspruchung hatten ihren Preis. Die Jahresstatistik von 1945 unterschreitet zwar den Vorjahresstand von über 34 Millionen beförderten Personen deutlich, aber das hatte wesentlich mit den häufigen Betriebsunterbrechungen in den letzten Kriegsmonaten zu tun. In Heidelberg lebten Ende 1945 mit 112.000 Menschen gut 25.000 Menschen mehr als noch 1939. Bis zur Währungsreform stiegen die Fahrgastzahlen immer weiter an. 1947 wurde die bis heute nicht mehr überschrittene Menge von 64,9 Millionen Fahrgästen im Jahr erreicht. Tat-

Der Eröffnungszug für die wieder erbaute Friedrichsbrücke (mit zwei Vierachserbeiwagen!) trägt neben der Girlande auch die vorgeschriebene Beschriftung für Autofahrer der Besatzungsmächte (17.12.1949)
Foto: HSB-Archiv, Slg. H. Röth

In den ersten Jahren glich die neue Kurfürsten-Anlage auf dem früheren Bahngelände eher Brachland, auch die fast ländlich wirkenden Schuppen im Hintergrund verschwanden bald. Früher lagen hier die Gleise des alten Bahnhofs

Foto: H. Röth

Rechte Seite: Das HSB-Netz in der größten Ausdehnung vor der Bahnhofsverlegung. Eingezeichnet sind neben der OEG-Strecke auch die HSB-Pläne von 1914 für Strecken nach Kirchheim und Ziegelhausen

Plan: R. Eisele

sächlich wurden in der ersten Hälfte 1948, vor der Währungsreform am 20. Juni, sogar im Tagesschnitt noch mehr Fahrgäste befördert. Eine andere Zahl mag die Dimension verdeutlichen: im Juni 1948 fuhren täglich 177.266 Personen mit der Straßenbahn, 1938 waren es nur 32.218 Fahrgäste gewesen.

Die Arbeiten am Gleisnetz beschränkten sich während dieser Zeit auf das Allernotwendigste: Um die Tiefburg wurde endlich eine Wendeschleife angelegt (Inbetriebnahme 13. Mai 1946), einige nicht benötigte Ausweichen wurden ausgebaut, die Materialien an anderer Stelle wieder verwendet. Die HSB kaufte ferner die städtische Straßenbahn Walldorf und setzte diese vom übrigen Netz getrennte Straßenbahnstrecke am 3. September 1945 wieder in Betrieb. Die Hoffnung, damit dem Bau der lange geplanten Ringbahn Heidelberg – Walldorf–Wiesloch ein Stück näher zu kommen, erfüllten sich aber nicht.

Anschluss der Weststadt

Als die Verlegung des Hauptbahnhofes kriegsbedingt wieder verschoben wor-

den war, hatte die HSB noch 1941 geplant, die südlichen Linien in der Bahnhofstraße enden zu lassen und über eine große neue Ringstrecke (Bahnhofstraße, Römerstraße und Schillerstraße) am Friedhof wieder in die Strecke in der Rohrbacher Straße einmünden zu lassen. Die Gleisverbindung zum Bahnhofsvorplatz sollte nur für Betriebszwecke bestehen bleiben. Die täglich insgesamt über vier Stunden geschlossene Bahnschranke war selbst in der Notzeit durch die stark gewachsenen Einwohnerzahlen vor allem in der Weststadt nicht mehr tragbar. Noch 1947 begannen die Arbeiten für die neue Strecke, die immerhin 2,36 Kilometer lang war. Ab 20. Juni 1948 (Währungsreform) wurden die Arbeiten forciert, so dass man am 28. August 1948 die neue Strecke in Betrieb nehmen konnte. Damit war es auch möglich, die rangieraufwändige Wendeanlage auf dem Bahnhofsvorplatz aufzugeben und durch eine einfache Wendeschleife zu ersetzen. An der provisorischen Endstelle bei der Hauptpost begannen ab 2. Dezember 1948 die Linie 1 zum Kornmarkt und die Linie 5 nach Neckargemünd, die bis Schlierbach eine Linie 4 verstärkte. (Die Wieblinger Linie erhielt wieder die Liniennummer 12.) Ab 1. April 1949 befuhren diese Linien dann die Gleisschleife am Bahnhofsvorplatz. Außerdem erfolgte eine Verbreiterung der Rohrbacher Straße und der Karlsruher Straße, in deren Zuge die HSB bis 1951 dann ihre Strecke bis

Heidelberg 1954

Rohrbach Markt zweigleisig ausbauen konnte. Nach einigen Provisorien ging am 13. November 1949 dann die endgültige Linienführung in Betrieb: die Linien 6, 8 und eine neue Linie 9 ab Rohrbach befuhren zusammen tagsüber im Sechs-Minuten-Takt die Schleifenstrecke durch die Weststadt gegen den Uhrzeigersinn. Außerdem befuhr eine Ringlinie 3 mit zwei Wagen die Weststadtschleife in Gegenrichtung (Franz-Knauff-Straße, Schillerstraße, Römerstraße, Bahnhofstraße, Rohrbacher Straße, Franz-Knauff-Straße).

Am 17. Dezember 1949 erfolgte die feierliche Wiedereröffnung der neuen Friedrichsbrücke (die heute nach Theodor Heuss benannt ist). Mit Fertigstellung des zweigleisigen Ausbaus am 8. April 1951 wurde die Linie 9 bis Leimen verlängert und künftig wieder als Linie 7 bezeichnet. Die Linien 7 und 8 verkehrten jeweils im 24-Minuten-Takt, so dass alle zwölf Minuten eine Straßenbahn bis Leimen fuhr. Eppelheim erhielt mit der Wiedereinrichtung der Linie 10 einen der gestiegenen Nachfrage angemessenen Zehn-Minuten-Takt, nachdem die HSB die Strecke um einige dafür notwendige Ausweichen ergänzt hatte. Schließlich kehrte die Straßenbahn ab 23. Mai 1953 über die wieder aufgebaute Ernst-Walz-Brücke auch zur Chirurgischen Klinik zurück. Hier verkehrte nun eine Linie 1a. Bis zur Einweihung des neuen Bahnhofs bestanden die folgenden Straßenbahnlinien:

1 Schlachthof – Kornmarkt (jeder zweite Zug verkehrte als Linie
1a Chirurgische Klinik – Kornmarkt)
2 Hauptbahnhof – Handschuhsheim
3 Ringlinie: Franz-Knauff-Straße – Römerstraße – Bahnhofstraße – Rohrbacher Straße – Franz-Knauff-Straße
4 Hauptbahnhof – Schlierbach
5 Hauptbahnhof – Neckargemünd
6 Kirchheim – Rohrbacher Straße – Bahnhofstraße – Schillerstraße – Kirchheim
7 Leimen – Rohrbacher Straße – Bahnhofstraße – Schillerstraße – Leimen
8 Wiesloch – Rohrbacher Straße – Bahnhofstraße – Schillerstraße – Leimen – Wiesloch
10 Bismarckplatz (Schleife) – Eppelheim
11 Bismarckplatz (Schleife) – Eppelheim – Schwetzingen
12 Bismarckplatz (Schleife) – Wieblingen

Straßenbahn, Bus oder O-Bus?

Damit war der Wiederaufbau des Liniennetzes von 1939 abgeschlossen. Die Straßenbahn fuhr aber längst in einer anderen Zeit. Bisher war sie das einzige innerstädtische Verkehrsmittel gewesen, nun drohte die massive Verdrängung durch das Automobil. Was in anderen westlichen Ländern bereits in vollem Gange war, hatte der Zweite Weltkrieg in Deutschland allenfalls ein paar Jahre aufhalten können. Zumal auch in Deutschland das Auto in den städtebaulichen und verkehrspolitischen Vorstellungen der NS-Zeit durchaus schon eine größere Rolle spielte. Die ursprünglich nur für einen bescheidenen Kutschverkehr bemessenen Straßen der historisch gewachsenen Innenstädte waren für die massenhafte Benutzung des Autos zu schmal. Da aber dem Auto die alleinige Zukunft zu gehören schien, schien es nur folgerichtig, dass man breitere Straßen forderte und dass (nicht nur) das alte Verkehrsmittel Straßenbahn dem neuen Auto auf den vorhandenen Straßen Platz machen sollte. Schon während des Wiederaufbaus wurden in Deutschland Stimmen laut, die einen Wiederaufbau der zerstörten oder völlig verschlissenen Straßenbahnen ablehnten. Dem schlossen sich bald auch Verkehrsexperten jener Tage an. Zeigte nicht die Erfahrung anderer Länder, dass man die immer weiter schrumpfende Zahl von Perso-

nen ohne Auto auch mit Bussen befördern konnte, die den Autoverkehr weniger behinderten?

Mit dem beginnenden Wirtschaftswunder wandelte sich die Stimmung im Land. Hatte man in der entbehrungsreichen Nachkriegszeit noch viele Dinge des täglichen Gebrauchs geflickt oder notgedrungen weiterbenutzt, so bejubelten viele Menschen nun alle Neuerungen umso mehr. Die deutschen Straßenbahnbetriebe aber konnten aus wirtschaftlichen Gründen noch viele Jahre im Berufsverkehr nicht auf die oft schon über 50 Jahre alten und in zwei Weltkriegen wenig gepflegten und überbeanspruchten Fahrzeuge aus der Anfangszeit verzichten. Da in den wirtschaftlich besseren Jahren vor dem Krieg auch nur wenige neue Wagen angeschafft worden waren, galt das Erscheinungsbild der Straßenbahnen in den fünfziger und sechziger Jahren

schnell nicht mehr als zeitgemäß. Die Straßenbahn war bald zum „altmodischen und lauten Verkehrshindernis" abgestempelt.

Zur Eröffnung des neuen Hauptbahnhofs baute die HSB eine zweigleisige Zweigstrecke in die Karl-Metz-Straße, über die ab 8. Mai 1955 die Linie 2 von Handschuhsheim fuhr (die Linie 1 fuhr wieder zum alten Bahnhof). Am 3. Dezember 1955 wurde diese Strecke bis zum Nordausgang des neuen Hauptbahnhofes verlängert. Bei der Frage, wie der neue Hauptbahnhof endgültig an das Nahverkehrsnetz angeschlossen werden sollte, standen neben einer Straßenbahnanbindung auch Dieselbusse und elektrisch angetriebene Oberleitungsbusse (kurz: O-Busse) zur Debatte. Die Rhein-Neckar-Zeitung (RNZ) brach in ihrer Ausgabe vom 25. Mai 1955 eine Lanze für den O-Bus und berichtete von einer „Aussprache

Auf den Überlandlinien mussten die zweiachsigen Triebwagen auch einmal zwei schwere Vierachsbeiwagen auf den Haken nehmen und abbremsen können. Rohrbach, Markscheide/ Eichendorffplatz, 23. Februar 1957
Foto: H. Röth

Wendeschleife um die Tiefburg, Winter 1958.

Foto: F. Elfner

mit einem namhaften Verkehrsfachmann Südwestdeutschlands ... dem wir ohne Umschweife die Frage ‚Straßenbahn oder O-Busse?' stellten. ... Unser Gewährsmann kannte nicht nur die Heidelberger Hauptstraße ‚mit ihrem ganz unmöglichen Straßenbahnverkehr' sehr genau... " Der Fachmann hät-

te dann erklärt: Der Bürger wolle Oberleitungsbusse, „angetrieben durch leise surrende Elektromotoren". Aber Heidelberg, so der Befragte weiter, beachte diesen Bürgerwillen überhaupt nicht. Typisch für die Zeit war, dass der Fachmann kein positives Wort für die Straßenbahn fand: „Aber welches starre

Bismarckplatz, Winter 1957. Man beachte: Hier wurde links ausgestiegen!

Foto: F. Elfner

Verkehrshindernis sind Straßenbahnen. Jeder Kraftwagenfahrer kann ein Lied davon singen. Sie können nicht, man muss i h n e n ausweichen. Straßenbahnen dürften nur fahren, wo die Straße so breit ist, dass der andere Verkehr noch flüssig bleibt und vom Gehsteig bis zur Straßenbahn mindestens 3,50 Meter Raum bleibt. Dies ist die Ansicht eines Fachmanns: Wo dies nicht der Fall ist, sollte man so schnell wie möglich zum O-Bus-Verkehr übergehen." Das betraf damals viele Streckenabschnitte in Heidelberg.

Dass zum neuen Hauptbahnhof „in k e i n e m F a l l die Triebwagen und Anhänger der jetzigen Linie 2" fahren könnten, sei sonnenklar." (Dort fuhren damals die ältesten Triebwagen, behängt mit den ehemaligen Pferdebahnwagen.) „Sie wären eine gar zu schlechte Visitenkarte für unsere Stadt Heidelberg. Der Fremde würde die vorsintflutlichen Straßenbahnen rund um den modernsten Bahnhof der Bundesrepublik vermutlich nur mit einem Kopfschütteln quittieren. ... Die Bewohner der Hauptstraße, die bis in die späten Nachtstunden hinein vom Rasseln der Bahnen gepeinigt werden, haben ebenfalls ein Anrecht darauf," dass sich der Stadtrat ernstlich mit der Alternative O-Busse befasse.

Artikel mit ähnlicher Argumentation und Wortwahl erschienen seinerzeit auch in anderen deutschen Straßenbahnstädten. Der neben U-Bahn-Bau und Dieselbussen als Alternative genannte O-Bus war elektrisch angetrieben, aber nicht durch Schienen gebunden. Er konnte daher im Bereich seiner Fahrleitung auch nach links und rechts ausweichen. Wendigkeit schien unter den damaligen Verkehrsverhältnissen ausreichend, um den (im Vergleich zu heute harmlosen) Behinderungen des Autoverkehrs ausweichen zu können. Mancherorts löste der O-Bus die Straßenbahn tatsächlich ab, doch er ver-

schwand schon nach wenigen Jahren wieder. Als städtisches Verkehrsmittel mit kleinen, personalintensiven Fahrzeugen spielt er heute nur noch eine Nebenrolle. In Deutschland gibt es heute drei O-Bus-Betriebe, aber noch oder wieder 58 Straßenbahnbetriebe.

Eine Straßenbahnstrecke durch die Neue Straße

Der Aufsichtsrat der HSB entschied am 29. Juli 1955 einstimmig, dass der neue Bahnhof mit einer Straßenbahnstrecke durch die Neue Straße (heutige Kurfürsten-Anlage) angeschlossen werden sollte. Am neuen Römerkreis sollte ein Abzweig zur vorhandenen Strecke in der Römerstraße gebaut werden. Der Bauausschuss stimmte diesem Beschluss mit Mehrheit zu, weil eine reine Busanbindung den Fahrgästen nur weiteres Umsteigen zugemutet hätte und innerhalb der Neuen Straße die Straßenbahn auf einem breiten Grünstreifen angelegt werden konnte, ohne den Autoverkehr zu behindern. Die Bauarbeiten für diese 1,3 Kilometer lange neue Strecke konnten nach Räumung des Bahngeländes am 11. März 1956 beginnen. Ab 25. Juni entfiel die Gleisschleife auf dem alten Bahnhofsvorplatz und am 1. Juli ging die neue Strecke in Betrieb. Gleichzeitig wurde die Strecke in der Bahnhofsstraße bis auf ein Reststück still gelegt, auf dem die Linien 6, 7 und 8 weiterhin endeten. Die anderen Linien erhielten teilweise völlig neue Führungen. Die Linien 4 und 5 wurden allerdings nach wenigen Wochen nochmals verändert. Letztlich sah das neue Straßenbahn-Liniennetz dann so aus:

Linie 1   Chirurgische Klinik – Bergheimer Straße – Karlstor
Linie 2   Tiefburg – Bergheimer Straße – Neuer Hauptbahnhof, von dort als
Linie 2K Neuer Hauptbahnhof – Kurfürsten-Anlage – Karlstor

Linie 3 Tiefburg – Kurfürsten-Anlage – Römerstraße – Bergfriedhof

Linie 4 Wieblingen – Bergheimer Straße – Karlstor – Schlierbach

Linie 5 Neckargemünd – Schlierbach – Bergheimer Straße – Neuer Hauptbahnhof – Kurfürsten-Anlage – Schlierbach – Neckargemünd

Linie 6 Bahnhofstraße – Rohrbacher Straße – Kirchheim

Linie 7 Bahnhofstraße – Rohrbacher Straße – Leimen

Linie 8 Bahnhofstraße – Rohrbacher Straße – Leimen – Wiesloch

Linie 9 Chirurgische Klinik – Neuer Hauptbahnhof – Rohrbach Markt

Linie 10 Bismarckplatz – Bergheimer Straße – Eppelheim

Linie 11 Bismarckplatz – Bergheimer Straße – Eppelheim – Schwetzingen

„Wer möchte da noch Fahrgast sein?"

lautete die Überschrift eines Kommentars, der am 2. November 1955 in der Rhein-Neckar-Zeitung (RNZ) erschien. Anlass waren zwei Zusammenstöße von Straßenbahnen und Autos ohne nennenswerte Personenschäden in der Schlierbacher Landstraße (Neckartal) und der Eppelheimer Straße. Erstmals wurde dort energisch die Frage erhoben „wie lange noch der Straßenbahnverkehr auf den Außenstrecken, der sich bekanntlich nicht auf einem eigenen Bahnkörper vollzieht, so wie bisher weitergehen soll. Daß die Straßenbahn auf der Landstraße fährt und immer wieder in Zusammenstöße mit Kraftfahrzeugen verwickelt wird,

ist doch nicht mehr zu verantworten."
Wenn an den Straßenbahnzügen die
„Autos, Lastzüge, Motorräder ... dicht
vorbei (brausen) – unzählige, Tag und
Nacht, pausenlos, in langen Kolonnen,
im Gegenverkehr oder als Überholer",
dann müsse ohne Rücksicht auf die Kosten Abhilfe geschaffen werden. Angesichts der Verkehrsdichte von 1955 (!)
erwartete der Redakteur weitere Kolli-
sionen oder das „Abrasieren" ausstei-

genden Fahrgäste. Die Fahrgäste hätten
dort das „stille Martyrium" zu erdul-
den: „Straßenbahnhaltestellen auf der
Mitte der Fahrbahn sind reine Men-
schenfallen." Straßenbahnen, die außerhalb der Stadt auf den Autofahr-
spuren führen, setzten „ihre Fahrgäste
allergrößten Gefahren aus."
Laut RNZ reagierten die HSB-Mitarbei-
ter im November 1955 prompt: Neben
einem Protest vom Betriebsrat der HSB

**Kaum zu glauben,
dass die Berghei-
mer Straße einmal
so schmal war
(1953)**
Foto: Stadtarchiv Heidelberg

**Zustand während
des Ausbaus
(rechts ist bereits
die neue Trasse zu
erkennen)**
Foto: Stadtarchiv Heidelberg

an den Betriebsrat der RNZ „erfolgte in den nächsten Tagen eine auffällig gelenkte Aktion unter den Straßenbahnern, die RNZ abzubestellen." Das zeigte allerdings Wirkung. Der Chefredakteur der RNZ verwahrte sich am 6. Dezember 1955 dagegen, „an Stelle öffentlicher Diskussion die Zeitung durch organisierte Vergeltung einschüchtern zu wollen." Bundesweit waren Straßenbahnunfälle mittlerweile ein Zeitungsthema, die der Straßenbahn das Attribut „verkehrsgefährdend" einbrachten, auch wenn diese selbst keine Schuld an den Unfällen trug. Die schweren Schäden an den alten Wagen mit Holzaufbauten und ihre langen Bremswege schienen die Kritiker der Straßenbahn zu bestätigen. Es dauerte lange, bis die Verbesserungen durch die ab 1960 vorgeschriebenen Stahlaufbauten mit Sicherheitsglas und schnell wirkenden Magnetschienenbremsen auch von den Kritikern anerkannt wurden.

An der Spitze der HSB stand in jener Zeit Direktor Fritz Bergmaier (Jahrgang 1890). Ihm gelang es zunächst noch, auch immer wieder positive Aspekte der Straßenbahn in den Vordergrund zu rücken. Wo es möglich war, versuchte die HSB auf die Wünsche von Politik und Fahrgästen einzugehen. Zu einem Treffen zwischen HSB und Anliegergemeinden an der Wieslocher Linie im Februar 1956 reiste der HSB-Vorstand z. B. mit einem der „nagelneuen" Verbandswagen an. Die verschiedenen Bürgermeister kritisierten u.a. die überalterten Fahrzeuge auf der Linie 8. Daraufhin entwaffnete „Direktor Bergmaier... seine Gesprächspartner mit der Zusage zweier neuer Straßenbahnzüge, die ab kommenden Montag (die Linie 8) ... befahren werden", so die RNZ am 9. Februar 1956.

Nachdem Bergmaier die Straßenbahnanbindung des neuen Hauptbahnhofes durchgesetzt hatte, engagierte er

sich für weitere Verbesserungen der Straßenbahn. Neue Ausweichen, Rangiergleise, weitere Wendeschleifen (vor allem in Wieblingen und Handschuhsheim), zweigleisiger Ausbau auch in die Region und eigene Bahnkörper sollten der Straßenbahn mehr Flexibilität und damit auch wieder mehr Pünktlichkeit und Schnelligkeit ermöglichen. Neue Fahrzeuge sollten die ungeliebten Altwagen aus den Anfangstagen ersetzen und überdies eine Rationalisierung einleiten: Moderne Gelenkwagen kamen mit weniger Schaffnern aus als die Zweiachszüge. Erhebliche Lohnerhöhungen und Arbeitszeitverkürzungen ließen die Kosten der HSB seinerzeit ebenso steigen wie Straßenumbaumaßnahmen. Nach der damaligen Rechtslage waren die Verkehrsbetriebe verpflichtet, ihre Gleise in solchen Fällen auf eigene Kosten umzubauen.

„Wie ein Düsenjäger..."

Bei öffentlichen Probefahrten mit einem von der Bochum-Gelsenkirchener Straßenbahn ausgeliehenen Gelenkwagen im Oktober 1958 konnten viele Heidelberger erstmals eine wirklich moderne Straßenbahn in ihrer Stadt erleben. (Die 1955/56 angeschafften und beliebten Verbandstriebwagen waren als Zweiachser eigentlich schon bei ihrer Auslieferung technisch überholt gewesen. Die heimische Waggonfabrik Fuchs hatte aber keine moderneren Wagen angeboten.) Der oben schon zitierte Redakteur der RNZ jedenfalls war von dem Gelenkwagen beeindruckt: Unter dem Titel „Schnell und ohne Gerumpel" schrieb er u. a.: „Wie ein Düsenjäger rauschte der Zug über die neue Straße zum Bahnhof. Man hatte den Eindruck, nicht zu fahren, sondern zu fliegen. ... Am deutlichsten wird die stabile Lage dieses Zuges bei der Fahrt über die Friedrichsbrücke. Während unsere bisherigen Wagen über die Brücke hüpfen

(Bitte gut festhalten), gleitet der Schnellzug sanft und gelassen dahin, als rolle er auf Wolken." (RNZ vom 7. Oktober 1958). Die HSB erhielt solche Gelenkwagen ab 1960.

Auch mehrere wichtige Bauvorhaben wurden Ende der fünfziger Jahre noch durchgeführt. Begonnen wurde mit dem Umbau des Bismarckplatzes. Der Autoverkehr verlief hier ungeordnet zwischen der Straßenbahnhaltestelle und den OEG-Gleisen. Als Ersatz für die Gleisschleife sollte auf dem Seegartengelände eine neue Wendeanlage für alle Überlandlinien entstehen. Zunächst sollte diese nur aus der Rohrba-

Einfahrt Bismarckplatz: Der Tw 207 ist noch so neu, dass nicht einmal Reklame angebracht wurde (Juni 1960)
Foto: F. Elfner

Nochmals Einfahrt in den Bismarckplatz, im Hintergrund mit Tw 36 als Linie 12 (September 1960)
Foto: F. Elfner

Am frühen Morgen
des 9. April 1957
nahm H. Röth die-
sen Drei-Wagen-
Zug an der Kurve
der Rohrbacher
Straße bei der Ein-
mündung der
Schillerstraße auf

cher Straße angefahren und erst in einem zweiten Schritt auch mit der Strecke aus der Kurfürsten-Anlage und einer neuen Strecke durch die Sofienstraße zum Bismarckplatz verbunden werden. Mit der Inbetriebnahme der ersten Baustufe erhielten die Linien 6, 7 und 8 am Seegarten ihre Endstelle und verkehrten nun im 10- bzw. 20-Minuten-Takt. Am Bismarckplatz wurden im gleichen Jahr die Arkaden abgerissen, um Platz für eine Autospur zu machen. Zu der Straßenbahnhaltestelle kamen

die Passanten von nun an durch Unterführungen.

Wieblingen konnte ab 26. Oktober 1959 im Zehn-Minuten-Takt bedient werden, weil nun zusätzlich eine Linie 12 zum Bismarckplatz fuhr. Am gleichen Tag verlängerte die HSB auch die Linien 1 und 9 von der Chirurgischen Klinik um rund 400 Meter bis zum Bunsengymnasium. Zwischen Rohrbach und Leimen erhielt die Strecke ab 15. November 1959 eine zweigleisige Trassierung. Auch der Betriebshof in Heidelberg wurde umgebaut, nachdem man 1957 das Gelände des Schlachthofes erworben hatte. Die Gleiseinfahrt konnte zum 24. August 1960 aus der inzwischen stark befahrenen Bergheimer Straße in die Karl-Metz-Straße verlegt werden, wo die Rangierfahrten der Straßenbahnfahrzeuge den Verkehr zuletzt stark behindert hatten. Von 1958 bis 1960 entstand außerdem eine neue zusätzliche Wagenhalle mit sechs Gleisen, die auch eine südliche Ausfahrt erhielt.

Fahrgäste und Autolobby

Die Stimmung jener Jahre verdeutlicht ein ausführlicher Artikel aus der Feder von Direktor Bergmaier in der RNZ vom 11. Juli 1959. Aus seiner Sicht habe er in dem „Kampf um die wirtschaftliche Existenz zwischen Straßenbahn und Auto" einen schweren Stand, „weil der Kraftfahrzeugverkehr sich auf die in unserem Zeitalter entstandene Massenpsychose für das Auto und darüber hinaus auf Organisationen des Kraftverkehrs (ADAC, AvD usw.) berufen kann, die heute über eine Macht verfügen, um sich sogar den Gemeinden, Ländern und der Bundesregierung gegenüber in Dingen des Verkehrs und Straßenbaus durchsetzen zu können. Demgegenüber steht ein einzelner Vorstand einer Straßenbahn, der die Interessen seiner Fahrgäste wahren und verteidigen möchte, der aber nicht die

Ein Zug der Linie 8 biegt von der Rohrbacher Straße kommend in die Bahnhofsstraße ein. Seit der Hauptbahnhof aufgehoben wurde, verblieb hier noch einige Jahre eine provisorische Endstelle (Foto vom 29. August 1959)

Foto: H. Röth

Wie beschaulich wirkt die Endstelle Schlierbach auf diesem Bild vom 19. August 1959. Tatsächlich wurde längst gefordert, dass die Straßenbahn hier dem Autoverkehr weichen sollte
Foto: H. Röth

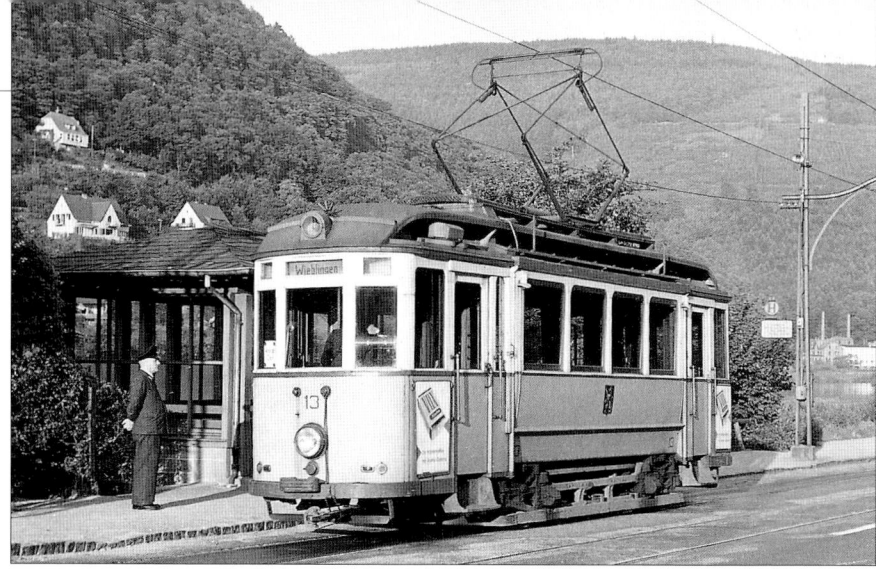

Macht eines Verbandes hat, wie sie die organisierten Automobilisten haben, auf einsamem Posten." Die HSB befördere jährlich 35 Millionen Fahrgäste, nehme dafür aber nur ein Hundertstel des Platzes in Anspruch, den der Autoverkehr schon damals beanspruchte. Bergmaier forderte daher für seine Fahrgäste gleiche Rechte wie für die Autofahrer. Er kündigte Verbesserungen im Liniennetz und neue Fahrzeuge an, gegen die es allerdings im Heidel-

Straßenszene aus Schwetzingen, um 1953
Foto: HSB-Archiv, Slg. H. Röth

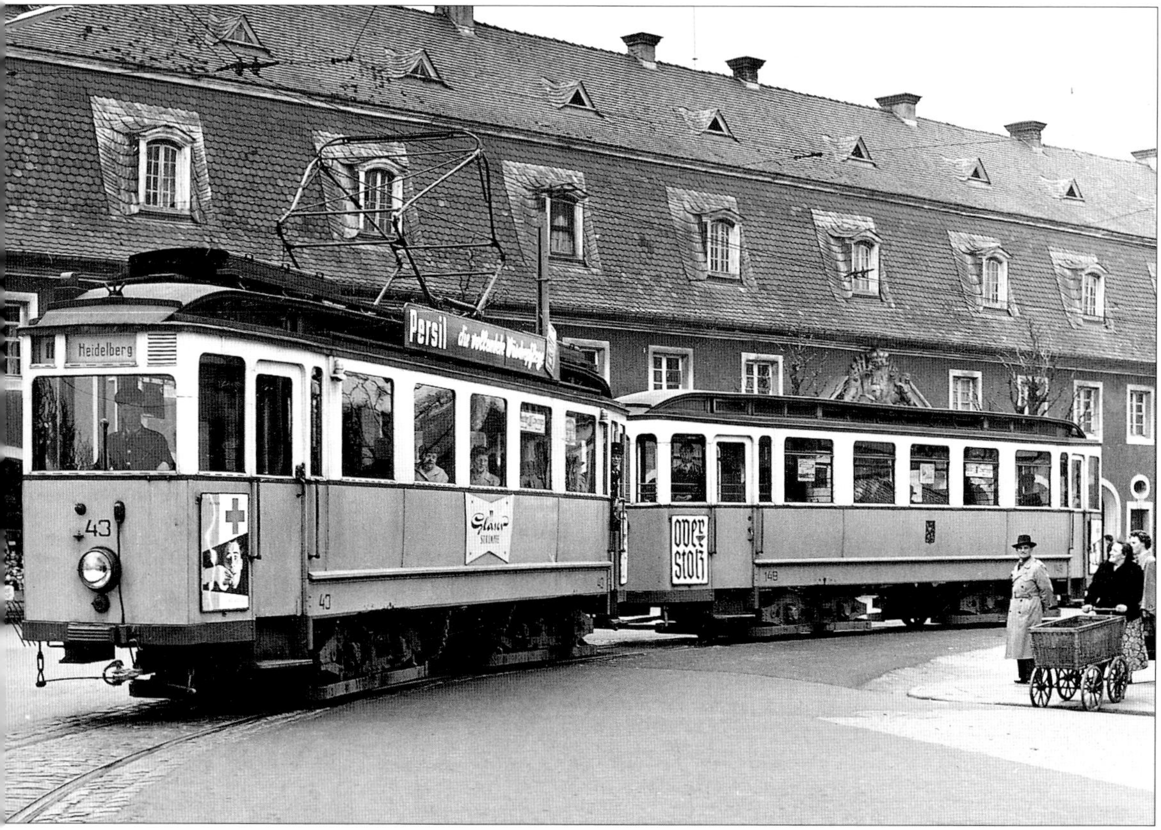

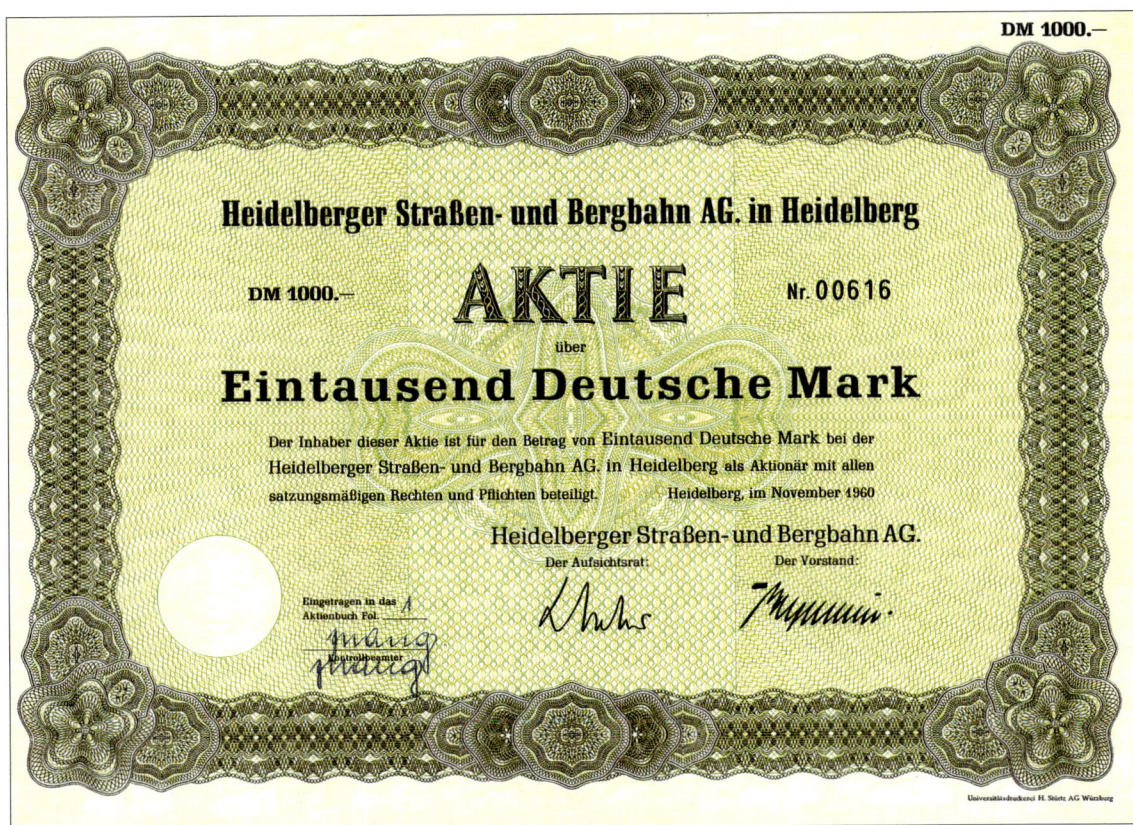

Heidelberger Straßen- und Bergbahn AG. in Heidelberg

DM 1000.—   **AKTIE**   Nr. 00616

über

Eintausend Deutsche Mark

Der Inhaber dieser Aktie ist für den Betrag von Eintausend Deutsche Mark bei der
Heidelberger Straßen- und Bergbahn AG. in Heidelberg als Aktionär mit allen
satzungsmäßigen Rechten und Pflichten beteiligt.   Heidelberg, im November 1960

Heidelberger Straßen- und Bergbahn AG.
Der Aufsichtsrat: Der Vorstand:

Eingetragen in das
Aktienbuch Fol.
Kontrollbeamter

Universitätsdruckerei H. Stürtz AG Würzburg

berger Stadtrat auch deutlichen Widerstand gab. Schließlich forderte Bergmaier die Fahrgäste auf, sich zu Wort zu melden.

Die Handlungsmöglichkeiten der Straßenbahnbetriebe wurden aber auch finanziell stark eingeschränkt. Ab etwa 1957 begann die HSB die Auswirkung der Massenmotorisierung zu spüren: Sie verlor immer mehr Fahrgäste ans Auto. Lohnerhöhungen und Neueinstellungen durch Arbeitszeitverkürzungen ließen ihre Lohnkosten trotzdem weiter steigen. Damit fuhr auch die HSB in die roten Zahlen. Die zum Teil heftigen Auseinandersetzungen um die finanzielle Lage der HSB und die dadurch notwendige Erhöhung der Tarife und des Aktienkapitals überschatteten nicht zuletzt das 75-jährige Firmenjubiläum der HSB am 13. Mai

1960. Sogar die Betriebsfeier wurde deshalb abgesagt.

Bus statt Bahn im Neckartal

Die Konzession für die Strecke nach Neckargemünd war 1953 noch einmal bis 1964 verlängert worden. Den dabei geforderten eigenen Bahnkörper konnte die HSB allerdings nun nicht mehr bauen. Nach einem schweren Unfall am Kümmelbacher Hof mit einer Toten und zehn Verletzten im März 1958 und einem weiteren schweren Zusammenstoß ohne Verletzte im November 1959 wurde auch von Anwohnern massiv die Beseitigung der „Gefahrenquelle" gefordert. Die RNZ schrieb über die Strecke ins Neckartal – erneut unter der Überschrift „Wer möchte da noch Fahr-

Als die HSB 1960 diese Aktie herausgab, stand sie bei Bürgern, Medien und Politikern schlecht im Kurs. Nicht wenige forderten die Umstellung von Schienen- auf Busverkehr.

Foto: Archiv G. Kleinewefers

Vierachser 45 rollt am 3. August 1956 durch die regennasse Hauptstraße

Foto: John Price, Slg. G. H. Köhler

Auch heute fahren hier noch Straßenbahnen, allerdings schon lange nicht mehr aus der Steubenstraße wie damals 1956

Foto: F. Elfner

gast sein?" – am 3. Dezember 1959 u. a.: „Die Straßenbahn läßt sich so, wie sie ist, nicht mehr halten. Die Zeit ist überreif geworden, daß von der Straßenbahndirektion Sofortmaßnahmen ergriffen werden. Diese können nur darin bestehen, den Omnibusverkehr unverzüglich an Stelle der Schienenbahn aufzunehmen." Es sollte nicht lange bis zur Verwirklichung dauern. Ein Jahr später, im November 1960, beschloss der Aufsichtsrat der HSB, die Strecke auf Busbedienung umzustellen. Der Rückzug der Straßenbahn hatte begonnen.

Die Einführung des Zehn-Minuten-Taktes war für die Wieblinger am 26. Oktober 1959 Grund zum Feiern

Foto: Stadtarchiv Heidelberg

Im Juli 1953 waren die Stumpfgleise vor dem Hauptbahnhof der Wendeschleife gewichen. Die Gebäude in diesem Teil der Rohrbacher Straße und am Bismarckplatz gibt es zum Teil noch heute

Foto: Slg. A. Gottwaldt

5. Rückzug der Straßenbahn (1961 – 1969)

Ein Vierachserzug aus Schwetzingen biegt aus der Bergheimer Straße in die Karl-Metz-Straße ein, um über Hauptbahnhof und Seegarten/ Post zu wenden (Aufnahme vom 20. August 1967)

Foto: W. Rabe

Die Haltestelle Stiftsmühle in Schlierbach lag direkt am Neckarufer. Fotografiert von H. Röth am 26. Mai 1962, dem Einstellungstag

Das Jahr 1961 begann für die Mitarbeiter der HSB mit einem schweren Verlust: am 15. März brach Direktor Fritz Bergmaier am Ende einer Besprechung im HSB-Verwaltungsgebäude tot zusammen. Der gebürtige Heidelberger war 1934 zum kaufmännischen Direktor der Stadtwerke berufen worden,

1937 trat er in die Geschäftsleitung der HSB ein und wurde ein Jahr später Vorstand. Bei seiner Verabschiedung als Generaldirektor der Stadtwerke am 31. Januar 1957 erhielt der damals 66-jährige das Bundesverdienstkreuz I. Klasse, womit besonders seine Verdienste um die Gasversorgung in Hei-

Wagen 14 ist auf dem Weg nach Eppelheim gerade in den eingleisigen Abschnitt auf der Czernybrücke eingefahren. Das kleine Dreieck im rechten Frontfenster zeigt an, dass ein weiterer Zug folgt, den der Gegenzug abwarten muss (23. September 1961)

Foto: H. Röth

delberg gewürdigt wurden. Bergmaier blieb aber bis zu seinem Tod weiterhin Vorstand der HSB. Auch der starke politische Druck auf die Straßenbahn konnte ihn nicht von seiner Überzeugung abbringen, dass im Zeitalter des Autoverkehrs der Nahverkehr weiter seine Berechtigung behalten würde und die Abwanderung von Fahrgästen durchaus durch ein verbessertes Angebot gebremst werden könne. Zügige Verkehrsabwicklung durch eine Trennung von Auto und Nahverkehr auf getrennten Spuren, hohes Platzangebot, moderne Fahrzeuge sollten dies ermöglichen. Mit der Straßenbahnstrecke durch die Kurfürsten-Anlage und dem weitgehend zweigleisigen Ausbau des Netzes bis an die Stadtgrenzen war es der HSB unter schwierigen Bedingungen noch gelungen, ihr Straßenbahnnetz in dieser Hinsicht entscheidend zu verbessern. Das sollte sich später auszahlen, als es um das Überleben der Straßenbahn ging. Im Oktober 1960 hatte Bergmaier ein weiteres Zwölf-Punkte-Programm vorgestellt, in dem neben der Erneuerung der unteren Bergbahn der Umbau des Bismarckplatzes, die Strecke durch die Sofienstraße, eine Straßenbahn durch die Dossenheimer Landstraße, Wendeschleifen in Handschuhsheim und in Wieblingen, ein zweigleisiger Ausbau südlich Leimens sowie diverse Gleiserneuerungen enthalten gewesen waren. Vieles konnte nach seinem Tod nicht mehr umgesetzt werden. So war hinter Leimen zwar der Fahrdraht aufgehängt, aber das zweite Gleis nicht verlegt.

Direktor Bergmaier – ein Mann mit Weitblick

Bergmaier war auch überzeugt, dass moderne, lange Straßenbahnzüge auf stark nachgefragten Verbindungen die wirtschaftlichste Beförderungsweise darstellten. Einrichtungswagen konnten außerdem mehr Sitzplätze für die Fahrgäste bieten als Zweirichtungswagen. Folgerichtig waren die ersten 13 Gelenkwagen in Heidelberg dann in Einrichtungsausführung bestellt worden. Außerdem präsentierte sich die HSB schon damals äußerst kostenbewusst: Neue Werkstätten bedeuteten rationelleres Arbeiten, und die Einführung eines Taktfahrplanes, der über Jahre nicht verändert wurde, sparte Stellen im Fahrplanbüro ein. Tatsächlich bot die HSB seinerzeit auf allen Linien durchgehend jeden Tag einen für den Fahrgast gut merkbaren Zehn-Minuten-Takt an (auf den Außenästen wurde alle 20 Minuten gefahren). Das war für die damalige Zeit bemerkenswert weitblickend: Heute gilt der Zehn-Minuten-Takt an Werktagen überall als idealer Kompromiss zwischen Bedienungsqualität und Wirtschaftlichkeit, der Einsatz langer Fahrzeuge wird von allen Betrieben erfolgreich praktiziert. Und bereits am 19. Juni 1961 erklärte der Verband öffentlicher Verkehrsbetriebe in Deutschland: Wenn die Städte nicht unter dem Autoverkehr ersticken sollten, dann bräuchten sie attraktivere öffentliche Verkehrsmittel, die „ sicher, pünktlich und zuverlässig, schnell, bequem und preiswert seien", damit die Menschen das Auto auch freiwillig stehen lassen (RNZ v. 20.Juni 1961). Doch es sollte noch bis zu 20 Jahre dauern, bis sich diese Erkenntnis auch bei der Politik durchsetzte. Die HSB mit Direktor Bergmaier war hier Vorreiter gewesen. Als Nachfolger wählte der Aufsichtsrat am 26. April 1961 den damals 34-jährigen Heinz Brückner. Als Fraktionsführer der SPD im Gemeinderat war er mit der Kommunalpolitik gut vertraut und bildete nun mit Karl Herth und Hermann Israng einen dreiköpfigen Vorstand. Das Liniennetz der Straßenbahn hatte mit 45,2 Kilometern Streckenlänge die größte Ausdehnung in seiner Geschichte erreicht, knapp die

Das Gespann aus Kriegsstraßenbahnwagen 63 und dem viel älteren Vierachserbeiwagen 146 steht am 2. Juli 1965 abfahrbereit in der Schleife vor dem Karlstorbahnhof

Foto: D. Schlipf

Die große Neckar-kurve beim Kümmelbacher Hof mit Blick auf Neckargemünd. Die Straßenbahn fuhr hier eingleisig in Seitenlage. In der Gegenrichtung kamen ihr dann die Autos entgegen

Foto: H. Röth

Hälfte des Netzes war nunmehr zweigleisig ausgebaut.

Ringen um den Umbau des Bismarckplatzes

Im Oktober 1961 führte die HSB eine große Fahrgastzählung durch, um die Vollendung des Bismarckplatz-Umbaus auf einer gesicherten Basis voranzutreiben. Das Ergebnis war eindeutig: Die Hauptstraße war das Ziel der meisten Fahrgäste. Brückner setzte sich auch für einen Verbleib der Straßenbahn in der Hauptstraße ein und warnte, eine Fehlentscheidung könnte den Lebensnerv der Altstadt treffen. Er fügte hinzu: „Die lebendige Verbindung zur Altstadt muß gewährleistet sein. Jedes Verkehrsmittel, das diesem Ziel dient, soll dazu recht sein." (RNZ, 14. Dezember 1961) Nicht vergessen werden darf, dass die Hauptstraße damals wirklich noch eine Hauptstraße war, durch die der Autoverkehr gen Neckartal rollte. Die Menge der umsteigenden Fahrgäste aus Richtung Handschuhsheim

und Rohrbach auf die Linien in der Hauptstraße war entsprechend groß. Bergmaier hatte aus diesen Richtungen Direktverbindungen geplant, doch der Einbau der entsprechenden Abzweige stieß auf Widerstand bei den Autofahrern (die Gleise der OEG auf dem Bismarckplatz wurden von diesen Überlegungen nicht berührt). Die HSB konnte schließlich erreichen, dass folgender Kompromiss eine breite Unterstützung fand: Die Strecke aus der Kurfürsten-Anlage sollte via Seegarten und Sofienstraße verlängert werden und hier die Gleise Bergheimer Straße – Hauptstraße kreuzen. Nur aus der Sofienstraße sollte man auch in die Hauptstraße abbiegen können. Danach sollte der eigene Bahnkörper in der Kurfürsten-Anlage stärker genutzt werden und die Strecke in der Bergheimer Straße nur noch der Anbindung der Anwohner dienen. Am 9. Februar 1962 wurde der Plan öffentlich vorgestellt und eine Verwirklichung für 1964 angekündigt. Das zukünftige Liniennetz sollte wie folgt aussehen: Die Überland-

Beim Fischweiher hing am 3. Oktober 1964 schon die Fahrleitung für das zweite Gleis auf eigenem Bahnkörper. Es sollte nie gebaut werden

Foto: H. Röth

Um 1961 war die Straßenbahn noch fester Bestandteil der Heidelberger Altstadt – hier am Kornmarkt mit Blick auf das bekannte Schloss

Foto: HSB, Slg. H. Röth

Triebwagen 79 rollt in Wiesloch die Steigung hinab

Foto: H. Röth

Fast ländlich geht es am 13. Mai 1966 im Pfaffengrund zu, wo der Gelenkwagen 211 auf der Linie 11 unterwegs ist. Im Hintergrund dampft gerade ein Güterzug aus dem Rangierbahnhof

Foto: H. Röth

Schwungvoll biegt der Tw 65 von der Bergheimer Straße in die Karl-Metz-Straße ein

Foto: W. Rabe

linien 7, 8, 10 und 11 enden am See-garten, die Linien 3, 5 und 12 entfallen und die Linien 4 und 6 erhalten neue Führungen:

Linie 1   Karlstor – Bergheimer Straße – Bunsengymnasium

Linie 2   Tiefburg – Kurfürsten-Anlage – Hauptbahnhof und weiter als

Linie 2K Hauptbahnhof – Bergheimer Straße – Karlstor

Linie 4   Karlstor – Kurfürsten-Anlage – Wieblingen

Linie 6   Handschuhsheim / Dossen-heimer Landstraße – Kurfürsten-Anla-ge – Römerstraße – Kirchheim

Linie 7   Seegarten   –   Rohrbacher Straße – Leimen

Linie 8   Seegarten – Rohrbacher Stra-ße – Leimen – Wiesloch

Linie 9   Bunsengymnasium – Haupt-bahnhof – Kurfürsten-Anlage – Römer-straße – Rohrbach

Linie 10 Seegarten – Kurfürsten-Anla-ge – Eppelheim

Linie 11 Seegarten – Kurfürsten-Anla-ge – Eppelheim – Schwetzingen

Es war allerdings bereits eingeplant, dass die Linie 6 spätestens ab 1964 nicht mehr nach Kirchheim fahren, sondern in Rohrbach enden sollte. Mit den Kirchheimern sollte auch über eine Um-stellung auf Bus verhandelt werden (Heidelberger Tageblatt, 22. Februar 1962 bzw. RNZ, 1. Februar 1963).

Die HSB hatte zur gleichen Zeit in schwierigen Verhandlungen gegen den Widerstand der Bundesbahn doch noch eine Konzession für eine Buslinie ins Neckartal erreicht. Die Bundesbahn wollte stattdessen mit Dieseltriebwa-gen auf ihrer Eisenbahnstrecke die Be-dienung des Neckartales übernehmen. Am 27. Mai 1962 übernahmen dann neue Busse den Verkehr zwischen Karlstor und Neckargemünd. Die HSB hatte für diese Linie so genannte An-derthalbdecker angeschafft, die beson-ders viele Fahrgäste fassen konnten, weil ein Teil des Fahrzeuges eine zweite Ebene besaß. Die Liniennummer 5 blieb bestehen, sie kennzeichnete nun die Züge der früheren Linie „2K".

So war die HSB am Ende des Jahres 1962 verhalten optimistisch. Insgesamt 600.000 DM hatte sie in die Modernisie-rung der Bergbahn und die Erneuerung von Schienen investiert. Der Gemeinde-rat hatte außerdem erstmals einen Teil

Als dieses Foto am 9. Juni 1968 entstand, besaß die Depothalle noch ihre schöne Fassade

Foto: D. Schlipf

Triebwagen 71
und Beiwagen 167
passieren am
25. Juli 1964
ihre Geburtsstätte:
die Waggonfabrik
Fuchs in Kirchheim

Foto: H. Röth

Auch bei Regen-
wetter war ein
Zug der Linie 8 in
der Seegarten-
schleife vor dem
Amerikahaus noch
ein schönes Motiv

Foto: H. Röth

gern. Dafür musste die bis dahin eingleisige OEG-Strecke ausgebaut werden. Die Arbeiten konnten 1961 beginnen, nachdem die HSB von dem Plan für eine Wendeschleife Abstand genommen hatte. Begründet wurde dies offiziell „mit Rücksicht auf das Gartenland" (RNZ, 21. Oktober 1961). Die Bauarbeiten kamen allerdings nur langsam voran. Erst am 30. Juni 1963 konnte die Verlängerung in Betrieb genommen werden. Die Bedienung übernahm wie geplant die Linie 6, während die Linie 2 weiter zur Tiefburg fuhr. Eingesetzt wurden zunächst ältere Fahrzeuge, da für die Gelenkwagen als Einrichtungswagen die Wendeschleife fehlte. Bei der Anbindung der neuen, am Hang gelegenen Großsiedlung Boxberg stand allerdings die Straßenbahn nicht ernsthaft zur Diskussion.

Stilllegungen und Neubauten

1964 liefen dann die Konzessionen für alle Straßenbahnlinien ab. Bei den Verhandlungen über eine Konzessionsverlängerung wurde kompromisslos die Einstellung der Wieblinger Linie gefordert. Die HSB wollte an der Straßenbahn festhalten, doch sie erhielt die Konzessionen nicht. Am Ende blieb der HSB nichts anders übrig, als einer Einstellung der Wieblinger Strecke zuzustimmen, sofern sie die Konzession für eine Buslinie erhielte. Diese wurde mit der Linie 35 nach Neckargemünd zusammengelegt, so dass die Fahrgäste der ehemaligen Straßenbahnlinie 5 nun wieder direkte Verbindungen in die Stadt erhielten. Zu Beginn des Ausbaus der Bundesstraße musste die Linie 4 am 2. April 1966 weichen.

Die übrigen Konzessionen wurden schließlich im Juni 1966 mit unterschiedlicher Laufzeit bewilligt: Für die Strecken nach Wiesloch, in der Kurfürsten-Anlage und der Berliner Straße sowie nach Handschuhsheim sah die

der gemeinwirtschaftlichen Kosten übernommen. Die Bilanz des Geschäftsjahres 1962 blieb aber dennoch unbefriedigend. Die Fahrgastzahlen sanken weiter. Das Heidelberger Tageblatt berichtete unter der Überschrift „Selbst das Fernsehen mindert die Zahl der Straßenbahn-Fahrgäste". In der Tat bemerkte die HSB, dass in der Freizeit die Benutzung ihrer Fahrzeuge sichtbar abnahm. Die Sanierung sollte mit dem Einsatz weiterer Gelenkwagen vorangetrieben werden, die ab 1963 als Zweirichtungswagen bestellt wurden, weil der Bau von Wendeschleifen nicht mehr verwirklicht werden konnte.

Wegen erheblicher Einwohnerzuwächse und Industrieansiedlungen wollte die HSB eine Straßenbahnlinie über die Gleise der OEG bis zum nördlichen Ortsrand von Handschuhsheim verlän-

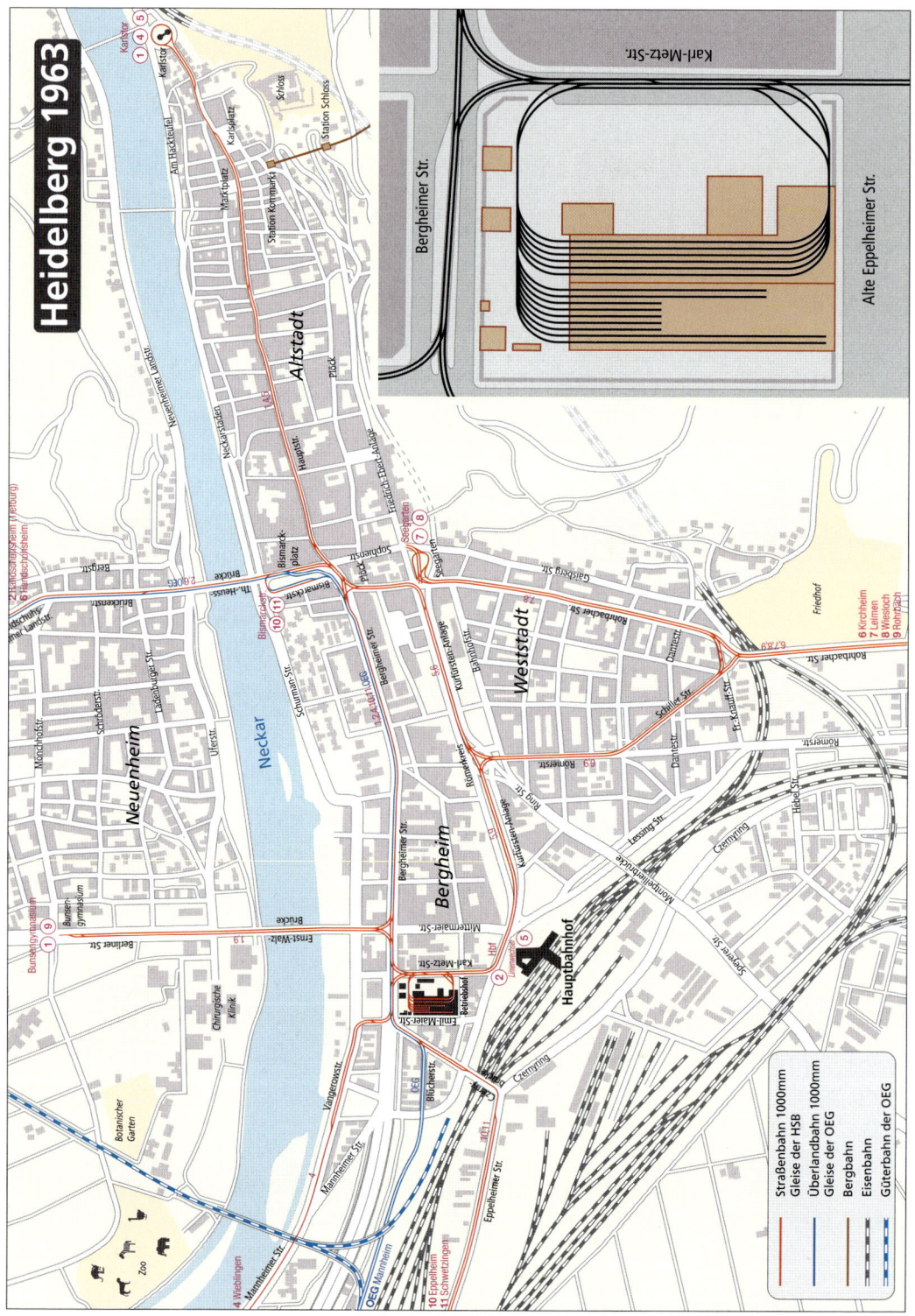

Stadt keine Probleme und wollte sie auf 25 Jahre gewähren. Die Strecken nach Schwetzingen und Kirchheim sowie durch die Hauptstraße sollten jedoch nur noch auf zehn Jahre erteilt werden, um diese Strecken dann umstellen zu können. Die HSB plädierte bei der Hauptstraße zunächst für eine Sperrung für den Autoverkehr (nach Fertigstellung der Tangentenstraßen). Es müsse sehr sorgfältig geprüft werden, „ob auch die Straßenbahn ohne Schäden für die Geschäftswelt und die betroffenen Einwohner eingestellt und die Hauptstraße auf ihrer ganzen Länge zur Fußgängerstraße erklärt werden kann." Durch Querstraßen sollten die Fahrgäste wenigstens an drei Stellen noch öffentliche Verkehrsmittel erreichen können (RNZ, 7. Juli 1965).

1964 musste die HSB beim Ausbau der Ortsdurchfahrt Eppelheim neben der Erneuerung der Anlagen auf Wunsch des Ortes auch ihre Ausweiche beim Rathaus entfernen. Eine neue Ausweiche am westlichen Ortsrand ersetzte diese, erlaubte aber keinen Zehn-Minuten-Takt mehr. Die Linie 10 wurde daraufhin bis zum Pfaffengrund zurückgezogen und gemeinsam mit der Linie 11 auf einen 15-Minuten-Takt umgestellt. Eppelheim wurde damit deutlich schlechter bedient. Im gleichen Jahr wurden im Betriebshof Leimen die Hallengleise verlängert und die Weichen erneuert. Die kleine Wagenhalle in Wiesloch war schon zum Jahresende 1961 aufgegeben worden. 1965 erbaute die HSB auf ihrem Heidelberger Depotgelände auch eine neue Wartungshalle mit einer Waschanlage für Bahnen und Busse an der Karl-Metz-Straße.

Die sich zusehends verschlechternde Finanzsituation der HSB verlangte wei-

Linke Seite: Im Jahr 1963 schien die Umgestaltung des dichten Innenstadtnetzes fast vollendet. Doch es kam anders: Nicht nur am Seegarten musste die Tram bald weichen

Plan: R. Eisele

Eine Zweiachsergarnitur an der Haltestelle Kußmaulstraße im Stadtteil Neuenheim, 6. April 1963

Foto: H. Röth

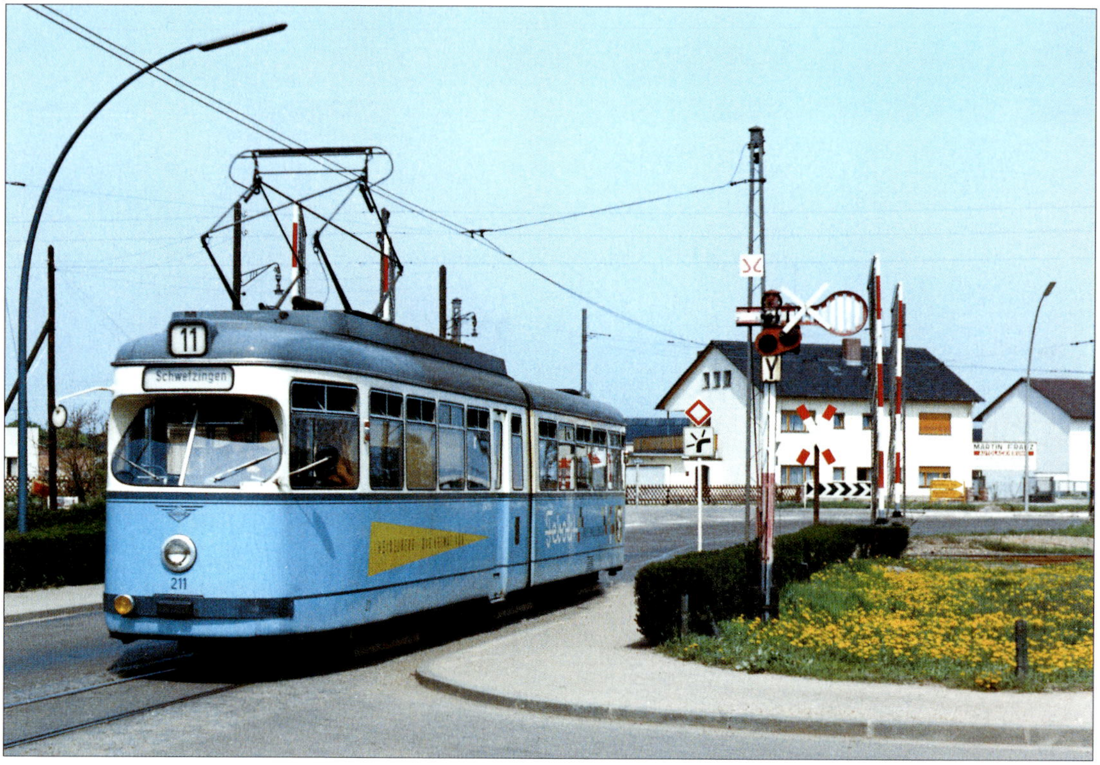

Um 1969 stand an der ehemaligen Gleiskreuzung mit der Eisenbahn Heidelberg – Schwetzingen immer noch ein altes Form-Signal für die Straßenbahn

Foto: F. Elfner

tere einschneidende Maßnahmen. Ab 1. Januar 1966 fuhren die neueren Triebwagen auf der Linie 8 ohne Schaffner. Bis 1976 die letzten älteren Fahrzeuge außer Betrieb genommen werden konnten, sank die Zahl der Schaffner ständig. Insgesamt reduzierte man die Belegschaft der HSB um rund 300 Mann. Durch Einstellungsstopp, Überstunden und Aushilfskräfte, aber auch Umsetzungen innerhalb des Betriebs bzw. über einen Personalüberleitungsvertrag mit der Stadt Heidelberg nach außerhalb sowie der üblichen Personal-

Freien Blick bis zum Römerkreis gab es 1962, als F. Elfner einen der neuen Gelenkwagen vor dem Hauptbahnhof aufnahm. Hier steht heute die Akademie der Heidelberger Druckmaschinen

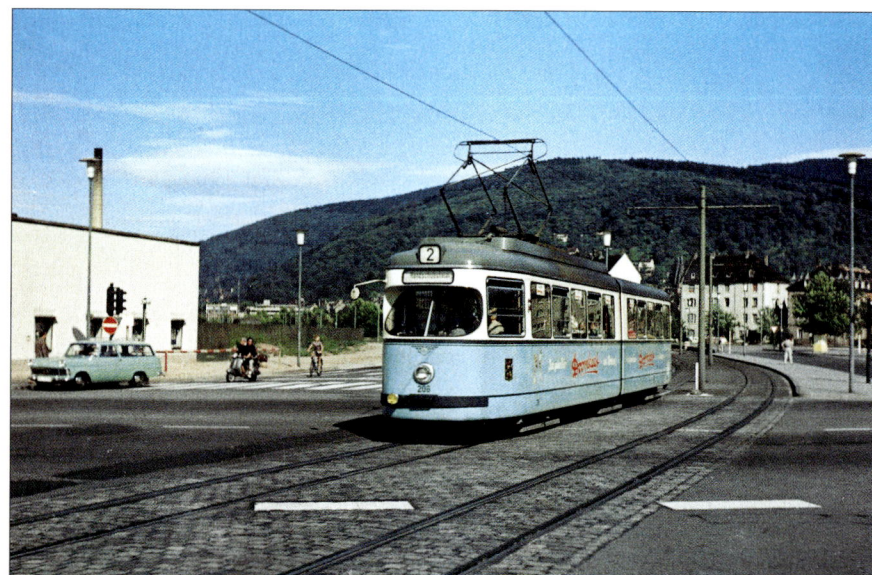

fluktuation konnte dieser Abbau sozial-
verträglich gestaltet werden.

Die Verwirklichung der Neubaustrecke
durch die Sofienstaße geriet so immer
mehr in den Hintergrund. Als die Gleisschleife am Bismarckplatz ab 30. August 1966 stillgelegt wurde, als deren

Ersatz die Seegartenschleife eigentlich
konzipiert worden war, wurde nicht die
nur wenige Meter kurze Lücke Kurfürsten-Anlage – Seegarten geschlossen, sondern vor der Hauptpost ein
drittes Gleis verlegt, in dem die Linien
10 und 11 endeten. Diese Linien fuhren

**Die Schleife für
HSB und OEG in
der Bismarck-
straße, März 1964.
Sie wurde Ende
1978 abgebaut**

Foto: H. Röth

**Anfang der sechzi-
ger Jahre kam dem
Fotografen am
Neckarufer noch
ein Vierachser
aus Wieblingen
entgegen**

Foto: Slg. K.-H. Wolf

nun künftig eine große Schleife in der Innenstadt (Betriebshof via Hauptbahnhof – Kurfürsten-Anlage – Hauptpost – Bergheimer Straße – Betriebshof).

Das Nebelung-Gutachten

Im Dezember 1966 wurde außerdem das Gutachten zur „Koordinierung des öffentlichen Personenregionalverkehrs im Ballungsraum Rhein-Neckar" veröffentlicht. Gutachter war Prof. Dr.- Ing. H. Nebelung von der Technischen Hochschule Aachen. Es sollte Vorschlä-

ge für eine einheitliche Gestaltung des Verkehrsangebots im Rhein-Neckar-Raum machen und dabei vor allem den Überlandverkehr zu untersuchen. Das Gutachten empfahl viele regionalen Bahnstrecken zur Einstellung und die zukünftige Bedienung mit Bussen, teils im 5-Minutentakt. Dies betraf auch die Rhein-Haardtbahn und die HSB-Strecken nach Schwetzingen und Wiesloch sowie unter Umständen sogar die OEG-Strecke Mannheim-Weinheim. Für die OEG-Strecke Mannheim - Heidelberg wurde dagegen eine Ein-

den" (S. 91). Als Vorteile des Busbetriebs wurde vor allem dessen „elastischere" Betriebsweise genannt, womit die Busse in die Ortszentren vordringen konnten oder sich die Linienführung kurzfristigen Veränderungen anpassen ließ. Außerdem würden Busse etwa alle acht Jahre erneuert, weshalb die Fahrgäste immer die neuesten Modelle nutzen könnten, während Straßenbahnen nur alle 25 Jahre erneuert würden. Die Zukunft der Straßenbahn war damit unsicherer denn je. Doch zunächst wurden Arbeitsgruppen gegründet. (Der Weg bis zu einem wirklichen Verkehrsverbund sollte bis 1989 dauern.) Die HSB drängte mehrfach vergeblich auf schnelle Entscheidungen. HSB-Direktor Dr. Brückner setzte sich damals auch für einen Zusammenschluss der Verkehrsträger ein, man müsse von der „Eigenbrötelei der einzelnen Betriebe abgehen" (RNZ 9. Juni 1970).

Problematische Finanzlage

Das alte Verwaltungsgebäude der HSB am Bismarckplatz wurde am 21. April 1967 geräumt. Die Abteilungen zogen in ein neues Gebäude, das auf der alten Einfahrt zum Betriebshof erbaut worden war. Im Straßenbahnnetz gab es bis 1970 kaum Veränderungen, sieht man von einigen neuen Gelenkwagen und einem Ersatz der Schleife um das Karlstor durch einfache Kehrgleise ab. Mit Blick auf die problematische Finanzlage beschloss der Aufsichtsrat, keine weiteren Schienen zu verlegen oder Schienenfahrzeuge zu beschaffen (RNZ, 24. Mai 1969). Die HSB prüfte unter anderem die Einstellung des Straßenbahnverkehrs in der Berliner Straße und auf der Strecke nach Wiesloch. Es schien ganz so, als ob das Ende der Straßenbahn in Heidelberg nicht mehr aufzuhalten wäre. Und manchem Autofahrer oder Stadtrat wäre dies auch ganz recht gewesen.

führung in das seinerzeit geplante unterirdische Straßenbahnnetz („U-Straßenbahn") in Mannheim und möglichst auch in Heidelberg eine Führung im Tunnel angeregt. Für die HSB-Strecken stellte Nebelung fest: „Infolge ihrer verkehrsgefährdenden Lage - insbesondere in Nußloch - kann die Straßenbahnlinie 8 südlich von Leimen auf die Dauer ohnehin nicht beibehalten werden." (Seite 85) Aus ähnlichen Gründen müsse auch die Straßenbahn vom Pfaffengrund bis Schwetzingen „früher oder später auf Busbetrieb umgestellt wer-

Der Zweirichtungswagen 228 hat die
Engstelle der Hauptstraße passiert und
strebt nun seinem Ziel, dem Karlstor, zu

Foto: H. Röth

6. Der „Schaechterle-Plan" (1970 – 1981)

In der Rohrbacher Straße, Ecke Franz-Knauff-Straße, gehörte die Tram am 20. Mai 1972 noch zum Stadtbild

Foto: H. Röth

Hatte sich die Entwicklung Ende der sechziger Jahre schon zuungunsten der Straßenbahn entwickelt, so schien dies zunächst nahtlos weiterzugehen. Anfang 1970 kündigte Oberbürgermeister Reinhold Zundel an, die HSB werde sich bis auf eine Nord-Süd-Verbindung von der Straßenbahn verabschieden. Dr. Brückner erklärte, man wolle möglichst noch vor 1972/73 die Strecken nach Schwetzingen und Wiesloch still legen und nur noch einen „Rumpfstraßenbahnbetrieb" weiterführen. Er warnte allerdings auch, dass Busse keineswegs eine „Wunderwaffe gegen rote Zahlen" seien (RNZ, 16. Januar 1970). Der nach langer Vorarbeit ebenfalls 1970 von Professor Schaechterle, einem Straßenbaufachmann aus Ulm, im Auftrag der Stadt ausgearbeitete Generalverkehrsplan empfahl dann die Reduzierung der Straßenbahn auf die Strecken Leimen – Handschuhsheim und Bismarckplatz – Kurfürsten-Anlage – Eppelheim. Für die Hauptstraße,

die wichtigste Strecke im Netz, die Bergheimer Straße und die Strecke zum Bunsengymnasium sah Schaechterle die Stilllegung vor.

Letztlich bestimmte aber die prekäre Finanzlage der HSB den Kurs. Die Stadt gewährte der HSB als einzige deutsche Stadt bereits einen Zuschuss. Denn die Rationalisierungsmaßnahmen hatten wegen des stark gestiegenen Lohnniveaus nicht die Personalkosten senken können. Obwohl die HSB 1970 rund 260 Mitarbeiter weniger beschäftigte als 1961, hatten sich die Personalkosten fast verdoppelt! Mit Kapitalerhöhung und Fahrpreisanhebungen glaubte man, das finanzielle Problem noch einmal für etwa fünf Jahre lösen zu können. Auch sollten die Umlandgemeinden an den Kosten der Verkehrsbedienung beteiligt werden. Diese wehrten sich jedoch noch lange dagegen. 1969 appellierte der Stadtrat außerdem an Bund und Länder, die Finanzierung des Nahverkehrs endlich politisch zu lösen.

„Rote-Punkt-Aktion" gegen höhere Fahrpreise

Gleichzeitig geriet die Straßenbahn in die damaligen politischen Auseinandersetzungen. Aus den Kreisen der Studentenbewegung wurde Ende der sechziger Jahre allgemein die Freifahrt auf öffentlichen Verkehrsmitteln gefordert. Die Tariferhöhung um durchschnittlich 13 Prozent zum 15. Juni 1969 führte dann zu Demonstrationen, bei denen später auch die Schienen blockiert und teils mit Zement ausgegossen wurden. Freie Durchfahrt gewährte man nur den Zügen der OEG. Fahrgäste beschimpften die Demonstranten; Oberbürgermeister, Rathaus und HSB riefen zur Ordnung auf. Die Proteste gingen trotzdem weiter. Die HSB stellte schließlich den Betrieb am 19. Juni 1969 komplett ein. Die Demonstranten hatten nach dem Vorbild anderer Städte eine „Rote-Punkt-Aktion" organisiert: Autofahrer klebten den Roten Punkt an die Windschutzscheibe, wenn sie Mitfahrgelegenheiten anbieten wollten. Die Gleise vor der Hauptpost wurden in einen „Zusteigebahnhof" umgewidmet, wo die Autos in langen Schlangen vorfuhren und auf Zuruf „Fahrgäste" mitnahmen. Ermuntert wurden die Demonstranten durch den Erfolg ähnlicher Demonstrationen in Hannover, wo die alten Tarife wieder eingeführt werden mussten. Auch in Heidelberg wurde ab 21. Juni wieder zum alten Tarif gefahren. Das Land hatte einen einmaligen Zuschuss in etwa der Höhe der durch die Tarifanhebung zu erwartenden Mehreinnahmen geleistet, um die Unruhen zu beschwichtigen. Oberbürgermeister Zundel erklärte, damit sei „die Frage einer Tariferhöhung ein für alle Mal vom Tisch" (RNZ, 21.Juni 1969). Doch es kam anders.

Auch durch die Rohrbacher Straße fuhren am 9. Juni 1972 noch Straßenbahnen
Foto: H. Röth

Im Jahr 1970 beförderte die HSB 34,5 Millionen Fahrgäste. Auf dem noch knapp 35,5 Kilometer langen Netz der Straßenbahn waren neben den modernen Gelenkwagen immer noch alte Vierachser aus den Jahren 1913 bis 1925 im Einsatz, außerdem zahlreiche Zweiachser. Die Einsatzmöglichkeiten der Einrichtungs-Sechsachser beschränkten sich dabei auf die noch mit Wendeschleifen ausgestatteten Linien 2 und 11. Die Linie 2 musste seit 1. Juni 1968 ebenfalls eine Schleife über Kurfürsten-Anlage – Hauptbahnhof – Bergheimer Straße fahren, während die nun nicht mehr mit ihr verknüpfte Linie 5 diese Schleife in der Gegenrichtung befuhr. Auf ihr fuhren jedoch Zweirichtungswagen, die am Karlstor Kopf machen konnten. Angesichts der schwierigen Finanzlage war es nur verständlich, dass HSB und Stadt die Zukunft des Nahverkehrs vor allem unter dem Aspekt der Kosten weiterer Investitio-

nen betrachteten. So dachten seinerzeit auch viele Verkehrsexperten: Auf dem Papier war der Bus gleichwertig und billiger. Eine weitere Erneuerung des Wagenparks sollte nun hauptsächlich in Form von Bussen erfolgen.

Von der Straßenbahn soll nur ein Rest bleiben

Im Geschäftsjahr 1970 fuhr die HSB wegen weiterer Erhöhungen der Personalkosten nur knapp an einem Konkurs vorbei. Daraufhin wurde ein drastisches Notprogramm beschlossen. Die Stadtverwaltung Heidelberg warb mit einer großen Zeitungsanzeige unter der Überschrift „Fakten zum HSB-Problem" um Verständnis bei den Fahrgästen (RNZ, 11. Juni 1971), der die ganze Dimension der Misere offenlegte. Man wolle zwar den Nahverkehr als einzige Alternative zu Verkehrschaos und Luftverschmutzung durch den Au-

toverkehr erhalten, müsse aber auch akzeptieren, dass sich niemand von seinem Auto trennen wolle und „fast jeder … überall hin mit dem eigenen Wagen fahren" möchte. Da eine politische Lösung erst in einigen Jahren Verbesserungen bringen könnte, müsste das akute Finanzproblem anders gelöst werden. „Wenn jetzt nichts geschieht, bricht der Nahverkehr in und um Heidelberg zusammen." Die Notmaßnahmen dürfte man nicht als „Demontage" missverstehen. Ein vereinfachter (und höherer) Tarif sollte durchgehend den Ein-Mann-Betrieb ermöglichen.

Bis Ende 1970 waren schon 8,2 Millionen Mark Verlust aufgelaufen. 7,3 Millionen Mark Verlust erwartete man allein im Jahr 1971. Damit war mehr als die Hälfte des Kapitals verloren. „Daraus ergibt sich zwingend eine Sanierungsaktion. Geschähe nichts, könnte die HSB nicht mehr am Leben erhalten werden. Damit wäre der Nahverkehr

erledigt – und 730 Beschäftigte der HSB kämen um ihren Arbeitsplatz. Das will die Stadt Heidelberg unbedingt verhindern!" Die Stadt Heidelberg stellte bis 1973 der HSB allein 21 Millionen Mark zur Verfügung. Bis dahin hatte die Stadt weitere fünf Millionen Mark für Kapitalerhöhungen und etwa 1,2 bis 1,8 Millionen Mark als Ausgleich für die bestimmten Gruppen aus sozialen Gründen gewährten niedrigeren Fahrpreise (Schüler etc.) gezahlt. HSB und Stadt sahen keine Alternativen mehr und appellierten: „Nur durch Notmaßnahmen zur Überbrückung der HSB-Misere kann der Heidelberger Nahverkehr überleben. Dazu müssen a l l e beitragen: die Benutzer der Verkehrsmittel durch Einsicht in die Notwendigkeit, die HSB durch letztmögliche Rationalisierung und Einschränkung, die Stadt Heidelberg durch finanzielle Spritzen mit geborgtem Geld und äußerste eigene finanzielle Anstren-

Ein Regentag in der Hauptstraße anno 1970. Vierachser 41 ist als E-Wagen über Hauptbahnhof zum Seegarten unterwegs
Foto: W. Rabe

gungen. Das alles so lange, bis eine Lösung auf Dauer durch Maßnahmen ‚von oben' wirksam wird. Deshalb: Vernunft und Geduld, – keine Kurzschlußhandlung!"

Notmaßnahmen gegen rote Zahlen

Am 1. September 1971 traten die Notmaßnahmen in Kraft. Buslinien wurden eingestellt, bei der Straßenbahn traf es den Abschnitt zur Tiefburg. Die Linie 2 wurde ersatzlos eingestellt, Handschuhsheim wurde nur noch von der Linie 6 und der OEG bedient, für die man aber noch eine eigene Fahrkarte lösen musste. Die übrigen Linien blieben vorerst erhalten, allerdings fuhren sie außerhalb der Hauptverkehrszeit nur halb so häufig wie bisher – im 20-Minuten-Takt. Weiter wurde der Betriebsbeginn später gelegt. Im Abendverkehr nach 20 Uhr sowie am Sonntagvormittag wurde nur noch alle 30 Minuten, auf den Außenstrecken sogar nur noch alle Stunde gefahren. Straßenbahnen verkehrten abends nur noch in der Hauptstraße, nach Schwetzingen und Wiesloch, sonst fuhren Busse. In den nächsten Stufen wurde bis 1972/73 auch die Einstellung der letzten beiden Außenstrecken von Leimen nach Wiesloch, von Eppelheim nach Schwetzingen, der immer noch existierenden Strecke nach Kirchheim und der Strecke in der Rohrbacher Straße zum Seegarten angekündigt. Nur vier Straßenbahnlinien sollten danach noch bleiben.

Verbunden mit dem Sparprogramm war eine Tariferhöhung, was zu besonders starker Kritik führte. Vom 1. bis zum 4. September 1971 gab es starke Demonstrationen. Größere Blockaden konnten durch ein großes Polizeiaufgebot verhindert werden. Doch die HSB musste bald einsehen, dass die Fahrgastzahlen um 7,4 Prozent zurückgegangen waren. Die Fahrplankürzungen

wurden am 5. Dezember daher teilweise zurückgenommen. Die Linien 5 und 6 fuhren nur noch sonnabends und am Sonntagnachmittag im 20-Minuten-Takt, die Linie 5 wurde dann außerdem über die Kurfürsten-Anlage zum Bunsengymnasium geleitet.

Pro und kontra Straßenbahn

Unglücklicherweise fiel diese Existenzkrise der HSB mit der Diskussion des Generalverkehrsplanes zusammen. HSB-Vorstand Dr. Brückner hatte Ende 1970 deutlich gemacht, dass er in dem Plan auch Alternativvorschläge vermisse, die „weniger Individualverkehr und eine verstärkte Förderung des öffentlichen Nahverkehrs" vorgesehen hätten. Dr. Brückner wollte im Gegensatz zu Schaechterle, der viele Direktverbindungen mit Buslinien parallel zur Straßenbahn vorgesehen hatte, die Busse aus Kostengründen nur als Zubringer zur Straßenbahn einsetzen. Die verbliebenen Straßenbahnstrecken sollten konsequent durch eine „grüne Welle" und abgegrenzte Gleiskörper vom Autoverkehr freigehalten werden und so die größten Fahrgastmengen effizient und attraktiv befördern. Obwohl die HSB nur von einer Hochpflasterung mit Kantsteinen sprach, erhob sich auch hier Widerstand gegen die angeblichen „Mäuerchen". Schließlich wurde gar von einer „chinesischen Mauer" gesprochen. Die Debatte um die Straßenbahn glitt zunehmend ins Unsachliche ab (RNZ, 30.10.1970). Zeitgleich mit dem Notprogramm forderte der Stadtrat die HSB auch auf, die Straßenbahn in der Hauptstraße stillzulegen. Hier sollten Wasserrohre erneuert werden. Die HSB hatte eigentlich eine durchgehende Linie vom Karlstor nach Eppelheim verwirklichen wollen.

Durch die finanzielle Notlage fiel der HSB in der Debatte um den Generalverkehrsplan letztlich nur noch eine passive Rolle zu. Diese Debatte wurde kontrovers geführt. Manche wiesen darauf hin, dass der Plan zwar den öffentlichen Nahverkehr fördern wolle, bei den Maßnahmen aber im wesentlichen Straßenausbauprojekte vorgeschlagen hätte. An Kritik hat es nicht gefehlt. „Dieser Plan zerstört unsere Stadt" betitelte beispielsweise die RNZ ihren Bericht am 6. Juli 1973 über eine SPD-Delegiertenversammlung.

Das „Aktionskomitee Alternativplanung"

Neu für die damalige Zeit war, dass eine Gruppe junger Ingenieure selbstbewusst nicht nur die Empfehlungen, sondern auch die dem Generalplan zu Grunde liegenden Daten gründlich hinterfragte. Sie bildeten ein „Aktionskomitee Alternativplanung" und präsentierten fundierte Gegenargumente und eigene Vorschläge, die sich aus heutiger Sicht vielfach als richtig erwiesen haben. Sie wollten Gutachter Schaechterle beim Wort nehmen, der geschrieben hatte, „nur ein in Zukunft ausreichend konzipiertes und leistungsfähiges Massenverkehrsmittel wird in der Lage sein, die Zugänglichkeit der Altstadt ... zu gewährleisten, die Überflutung des Kerngebietes durch den Individualverkehr zu verhindern und damit die heutige Altstadtstruktur mit ihren historischen Bezügen zu erhalten". Sie kritisierten unter anderem die Verlegung eines großen Teils des öffentlichen Verkehrs auf die Straße. „Seinem Vorschlag liegen keine Wirtschaftlichkeitsberechnungen und auch keine Ausrichtung auf die tatsächlich in Zukunft zu erwartenden Verkehrsströme zugrunde. Möglichkeiten, das Nahverkehrsnetz unter regionalen Bezügen rationell zu gestalten, werden nicht untersucht. ... Vielmehr belastet er die Straßen zusätzlich dadurch, daß er den öffentlichen Schienennahverkehr abbaut, um Bus-

verkehr in den Fluß des Individualverkehrs einzuschleusen ...Das ‚Dahinkriechen' der Busse im individuellen Kraftverkehr bewirkt, daß immer mehr Benutzer auf das eigene Fahrzeug umsteigen, wodurch die Verkehrssituation immer katastrophaler wird und der Teufelskreis im Nahverkehr sich weiter fortsetzt – sehr zum Leidwesen der Fahrgäste und der Stadthaushalte." (Broschüre des Aktionskomitees vom 12. März 1971, S. 14/15).

Außerdem präsentierte das Aktionskomitee einige Zahlen, die bewiesen, dass die HSB im Vergleich mit anderen Verkehrsunternehmen gar nicht so schlecht dastand! Die Straßenbahn erreichte z.B. noch recht gute Reisegeschwindigkeiten in der Hauptstraße (13,5 km/h) oder nach Wiesloch (22 bis 24 km/h). Auch würde die HSB in internen Berechnungen des Verbandes öffentlicher Verkehrsbetriebe immer wieder sehr gelobt: Der Gesamtwirkungsgrad der HSB-Straßenbahnen hätte bei einem Vergleich mit 17 anderen Straßenbahn- und 22 Busbetrieben um 9,5 Prozent über dem Durchschnitt gelegen, die HSB-Busse dagegen nur um 0,7 Prozent. Schließlich relativiere ein Vergleich mit anderen Verkehrsunternehmen auch die Höhe des Defizits der HSB (Broschüre..., S. 16ff.)

Außerdem wies die Broschüre darauf hin, dass bei den Berechnungen für „Streckenstillegungen nur die Investitionskosten für Busse denen für Schienenfahrzeuge, Streckenausrüstung etc." gegenübergestellt würden, „ohne auch die Folgekosten des Busbetriebs – auf längere Frist gesehen – in die Wirtschaftlichkeitsberechnungen einzubeziehen" (Broschüre, S. 18). Ein Heidelberger Diplom-Kaufmann, der damals als Direktionsassistent bei der Mannheimer Verkehrs AG tätig war, präzisierte seinerzeit schon die heute allgemein erkannten Nachteile des Busses: Durch seine kleinen Fahrzeugeinheiten

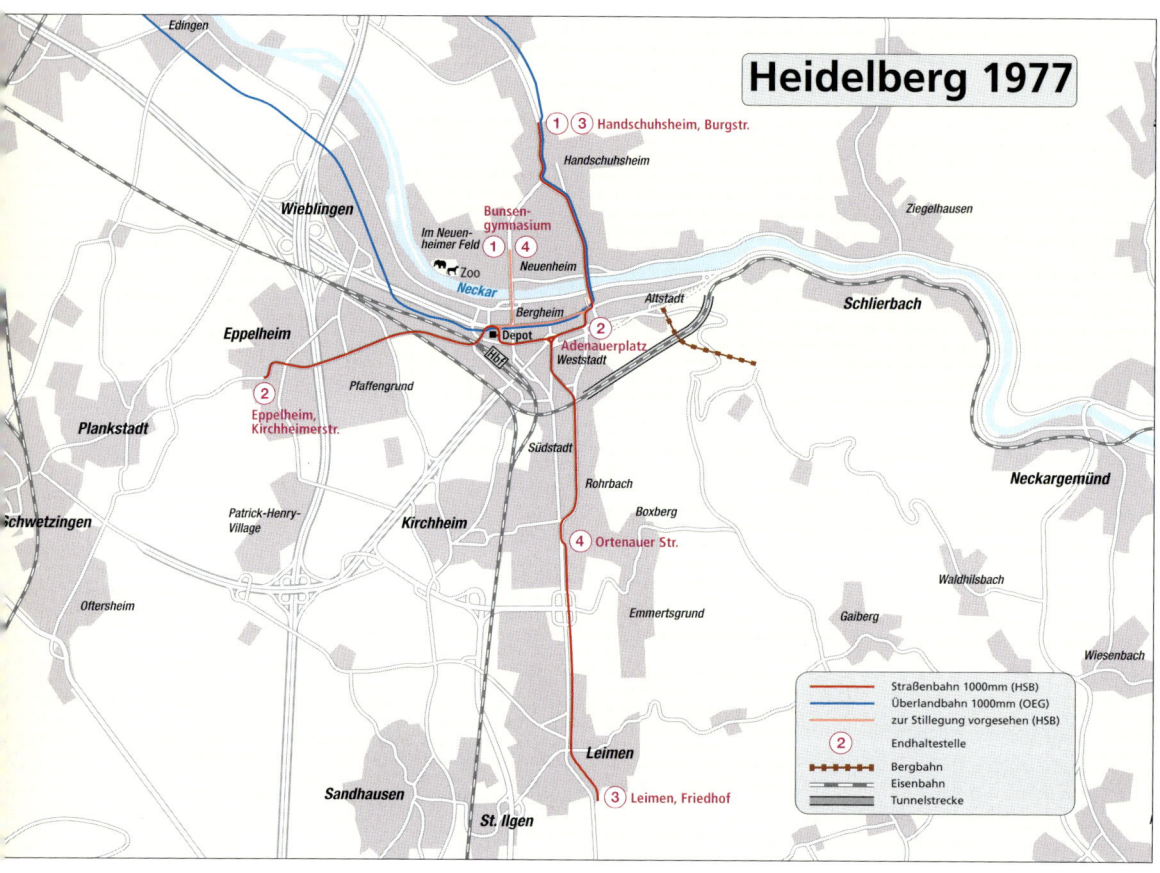

Heidelberg 1977

| Straßenbahn 1000mm (HSB) |
| Überlandbahn 1000mm (OEG) |
| zur Stilllegung vorgesehen (HSB) |
| ② Endhaltestelle |
| Bergbahn |
| Eisenbahn |
| Tunnelstrecke |

1977 waren die im Generalverkehrsplan vorgesehenen Stilllegungen schon weitgehend verwirklicht

Plan: R. Eisele

benötigt er zumindest in der Hauptverkehrszeit auch mehr Fahrzeuge und damit auch mehr Personal als die Straßenbahn. (Der Stadtverkehr, Heft 5/6, 1971) Im Falle der Altstadt rechnete das Aktionskomitee vor, dass die (damals wesentlich umfangreicher geplante) Busbedienung erhebliche Mehrkosten für die HSB verursachen würde. Die hohen Kosten der Busbedienung auf stark belasteten Strecken machten sich bald auf den Konten vieler Städte bemerkbar, die HSB drücken sie bis heute.

Wie schon vorher Dr. Brückner kritisierte das Aktionskomitee, dass Schaechterles Gutachten letztlich keine Varianten zur Diskussion angeboten hatte. Außerdem unterstützten sie die HSB in der Ablehnung von Parallelverkehr

zwischen Bus und Bahn. Ernsthaft diskutiert wurden die Einwände des „Aktionskomitees" kaum.

Zustimmung zum „Schaechterle-Plan"

Die Entscheidungsträger der damaligen Generation waren auf die selbstbewusst und teils auch rhetorisch zugespitzt vorgetragenen fachlichen Konfrontationen nicht eingestellt. Die Einwände wurden z.T. als persönliche Angriffe missverstanden und entsprechend ignoriert. Hinzu kam nach den langjährigen hitzigen Debatten auch die Ungeduld, die nun auf eine Entscheidung drängte. So wurde dann am 16. Juli 1973 über den Generalverkehrsplan abgestimmt und dieser mit großer

Mehrheit ohne größere Änderungen verabschiedet. Die HSB sollte nun ihr Straßenbahnnetz reduzieren.

Der Beschluss war nicht ohne Ironie, denn er bedeutete gleichzeitig, dass die HSB für die Verwirklichung des Rumpfnetzes die größte Triebfahrzeugbestellung ihrer Geschichte vornehmen musste: Durch den Wegfall der Wendeschleife in Schwetzingen waren nun alle 13 erst zwölf Jahre alten Einrichtungsgelenkwagen gar nicht mehr einsetzbar. Sie wurden verkauft. 1973 erhielt die HSB dann 15 neue Zweirichtungsgelenkwagen. Die älteren Fahrzeuge wurden auf dem kleineren Netz nicht mehr benötigt und bald verschrottet.

Die Straßenbahn weicht

Zum 1. Oktober 1972 wurde die Linie 6 zwischen Rohrbach und Kirchheim eingestellt. Im Abendverkehr wurde sie nun durch die Linie 8 ersetzt, die damit in dieser Zeit Handschuhsheim und nicht mehr den Seegarten anfuhr.

Am 17. Juni 1973 kam es auch zur Abschiedsfahrt für die Linie 8 zwischen Leimen und Wiesloch sowie zwischen Franz-Knauff-Straße und Seegarten.

Begegnung zweier schon schaffnerlos („S") betriebener Sechsachser am Bismarckplatz am 25. Juli 1970

Foto: W. Rabe

Die Linie 8 wurde auf dem Restabschnitt durch eine Verlängerung der Linie 6 ersetzt. Ab 6. Januar 1974 fuhr auch keine Straßenbahn mehr nach Schwetzingen. Das Ende der Konzessionen sowie anstehende Erneuerungs und Straßenbauarbeiten ließen der HSB wegen der damit verbundenen Kosten in beiden Fällen keine andere Wahl. An den Bau eigener Bahnkörper war nicht zu denken, weil dafür angesichts der inzwischen erheblichen finanziellen Belastung des städtischen Haushaltes durch die HSB trotz möglicher Zuschüsse keine Mehrheit erkennbar war. Das Depot in Leimen wurde nicht mehr benötigt und im Rahmen der Rationalisierung am 7. Januar 1975 geschlossen. Größere Werkstattarbeiten wurden außerdem schon seit 1972 nicht mehr in Heidelberg, sondern in der gemeinsam mit anderen Betrieben unterhaltenen Zentralwerkstatt im benachbarten Mannheim durchgeführt.

Geschrumpftes Heidelberger Straßenbahnnetz

So wurde ab dem 6. Januar 1974 dann ein reduziertes Straßenbahnnetz mit nur noch 20,3 Kilometern Länge und vier Linien Wirklichkeit:

Linie 1 Bunsengymnasium – Hauptbahnhof – Kurfürsten-Anlage – Karlstor
Linie 2 Eppelheim – Bergheimer Straße – Karlstor
Linie 3 Handschuhsheim – Bismarckplatz – Römerkreis – Leimen (vorher Linie 6)
Linie 4 Bunsengymnasium – Hauptbahnhof – Römerkreis – Rohrbach (vorher Linie 9)

Die Linien 5, 10 und 11 entfielen. Ab dem 1. Februar 1974 konnten die Fahrgäste zwischen Wieblingen und Handschuhsheim dann mit HSB-Fahrkarten auch die Züge der OEG benutzen und umgekehrt OEG-Fahrgäste mit der HSB fahren. Damit war man nach vier Jahen

Verhandlungen dem Verkehrsverbund im Rhein-Neckar-Raum wieder ein kleines Stück nähergekommen.

Die Linie 2 wurde auf Bitten des selbstständigen Ortes Eppelheim am 1. Dezember 1974 um knapp 400 Meter wieder zu einer neuen Endstelle am westlichen Ortsrand verlängert. Die eigentlich ebenfalls vorgesehene Einstellung der Strecken in der Bergheimer Straße (inklusive Verlegung der OEG in die Kurfürsten-Anlage) und zum Bunsengymnasium nahmen HSB und Stadt Heidelberg dagegen nicht vor. Auch blieben Gleise und Fahrleitung in der Rohrbacher Straße noch bis April 1979.

Gründung der Holdinggesellschaft

Nach dem Tod von Dr. Brückner hatte Oberbürgermeister Reinhold Zundel am 5. Oktober 1973 für ein Jahr selbst den Vorsitz der HSB übernommen. Zu diesem Zeitpunkt war die Zusammenlegung von HSB und Stadtwerken unter einem gemeinsamen Dach bereits in der Planung. Am 1. Januar 1976 nahm dann die Heidelberger Versorgungs und Verkehrsgesellschaft, kurz HVV, ihre Arbeit auf. Zu diesem Zeitpunkt besaß die Stadt Heidelberg durch Kapitalerhöhungen bereits 99 Prozent der HSB Aktien. Durch die Gruppierung der Holdinggesellschaft sollten die Steuervorteile genutzt, Rationalisierungsmöglichkeiten ausgeschöpft und Finanzen innerbetrieblich ausgeglichen werden. Damit stand der Nahverkehr in Heidelberg wieder auf einer sicheren finanziellen Grundlage.

Abschied von der Hauptstraße

Die hohe Belastung durch die Steigerungen bei den Personalkosten und die Suche nach einer Modernisierung des Nahverkehrs weckte in Heidelberg In-

Linke Seite: Zu dem eher beschaulichen Vorstadtleben in der Handschuhsheimer Steubenstraße gehörte am 31. August 1971 letztmalig die Straßenbahn (Vgl. Bild auf Seite 30)

Foto: H. Röth

Die Straßenbahn-
linie 8 sollte die
Streichungen der
siebziger Jahre
nicht überleben.
Am 15. Juni 1973
rollte sie noch
durch Nußloch

Foto: H. Röth

Am 20. Mai 1972
rollt eine Tram
die Auffahrt zur
Eisenbahnbrücke
in der Kirchheimer
Bürgerstraße her-
ab. Auch das ist
heute Geschichte

Foto: H. Röth

teresse an neuzeitlichen, automatischen Verkehrsmitteln. Kabinenbahnen waren Anfang der siebziger Jahre in Mode und schienen bei unterirdischer Führung als ein Verkehrsmittel in der Altstadt geeignet. Das Bundesverkehrsministerium vergab schließlich einen Forschungsauftrag für die Verwendbarkeit des Magnetbahn-Systems in Heidelberg. Geplant war eine rund zwei Kilometer lange Strecke zwischen Karlstor und Bismarckplatz mit einer später möglichen Erweiterung zum Hauptbahnhof. Die Studie kam zu einem positiven Ergebnis. Im November 1974 entschied das Ministerium dann jedoch, dass die Magnetschwebetechnik aus finanziellen Gründen nur noch im Fernverkehr verwendet wer-

den sollte. Damit wurde der Entschluss, den wichtigsten Abschnitt im Straßenbahnnetz in der Hauptstraße stillzulegen, am 29. April 1976 ohne eine greifbare Alternative gefasst. Ein Vorschlag Prof. Schaechterles, den Bürgern Elektrokarren zur Benutzung zur Verfügung zu stellen, war längst wieder vom Tisch. Nachdem sich der Gedanke einer

Dafür brauchten die Einrichtungswagen auch auf der linken Seite Türen: In Eppelheim befinden sich die Haltestellen noch heute auf dem nördlichen Bürgersteig
Foto: H. Röth

Die Überlandzüge aus dem Westen wendeten vor der Post auf einem dritten Gleis
Foto: K. Schutti (1972)

Der Aufbautrieb-
wagen 66 fährt
am 23. September
1972 durch die
Hauptstraße gen
Karlstor. Hinten
erhebt sich die
Heiliggeistkirche

Foto: G. Jäkle

Parade vor der
Leimener Depot-
halle, aufgenom-
men um 1971

Foto: K.-H. Koch

„Behaglichkeitslösung" in Form einer reinen Fußgängerzone durchgesetzt hatte, kam man wieder auf den Vorschlag zurück, dass Busse die Hauptstraße queren sollten. Die Straßenbahn wurde am 4. Juli 1976 offiziell nur „vorläufig" stillgelegt.

Der Verein „Bürger für Heidelberg" legte im September 1976 eine Broschüre „Fußgängerzone Heidelberg mit Straßenbahn" vor, die detaillierte Vorschläge enthielt, wie die Straßenbahn in der Hauptstraße beibehalten werden könnte. Sie warnten vor Einnahmeausfällen für die HSB und vor einer wesentlichen Verschlechterung der Verkehrsqualität. Die Straßenbahn verlief in der Tat in der Hauptachse des Ver-

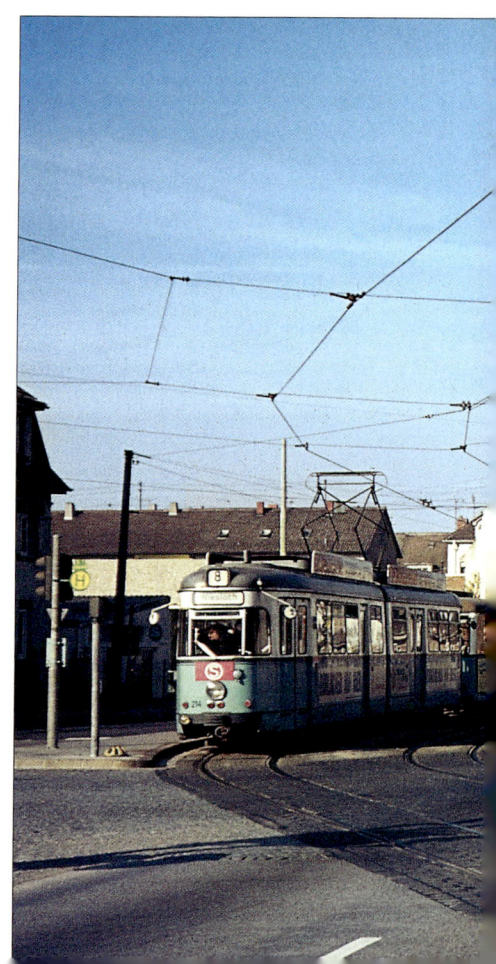

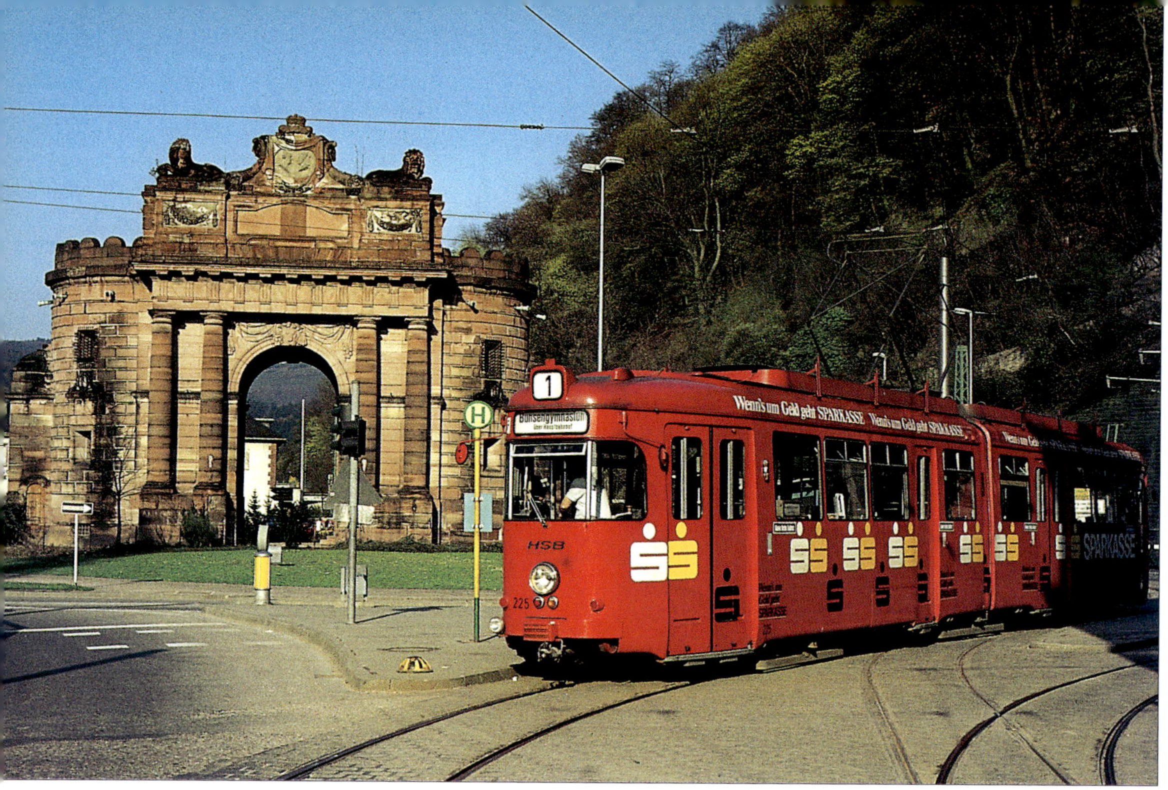

Auch wenn die Zukunft der Straßenbahn damals nicht so bunt schillern mochte – Triebwagen 225 zog die Blicke allemal auf sich (Karlstor, 11. April 1976)

Foto: O. Blaschke

kehrs, die Ersatzbusse können heute – wie in der Broschüre befürchtet – nur einen Punkt der Hauptstraße anfahren. Der Individualverkehr kann die Hauptstraße weiter indirekt erreichen, weil im Altstadtbereich große Parkgaragen errichtet wurden. Gleise und Fahrleitung aber wurden im Januar 1977 entfernt. Die Linie 2 endete noch kurze Zeit über einen Gleiswechsel am Anfang der Hauptstraße, um dann ab 27. November 1976 wieder in Form einer großen Schleife Hauptbahnhof – Hauptpost – Bergheimer Straße zu wenden. In der Gegenrichtung fuhr nur noch die OEG durch die Bergheimer Straße. Am 29. Juli 1979 wurde der umgestaltete Bismarckplatz mit vereinfachten Gleisanlagen und einem Wendegleis vor der Neckarbrücke in Betrieb genommen. Die Linie 2 konnte damit wieder in beiden Richtungen durch die Bergheimer Straße direkt bis zum Bismarckplatz fahren. In Rohrbach-Süd entstand dann eine Umsteigestation zum Bus, bis zu der am 30. November 1979 auch alle Fahrten der Linie 3 verlängert wurden.

Ein Bild, das heute nicht mehr zu wiederholen ist: 1974 wendet der Triebwagen 71 in Schwetzingen vor dem berühmten Schloss

Foto: J. Krantz

Zwei Generationen begegnen sich im Mai 1972 in Rohrbach Süd: vorne der alte KSW-Wagen 60 auf Linie 9, hinten der neue Gelenkwagen 214 als Linie 8

Foto: J. Krantz

7. Eine Perspektive für die Straßenbahn (1982 – 2002)

Mit dem Stadt-
bahnwagen erhielt
Heidelberg in den
80er-Jahren ein
auch äußerlich
modernes Fahr-
zeug (Handschuhs-
heimer Landstraße
am 11.08.1986)

Foto: H. Röth

Zum 100-jährigen
Jubiläum der HSB
fuhr der Trieb-
wagen 44 mit
(Sommer-)Beiwa-
gen 6 durch die
Bergheimer Straße
(22.09.1985)
Foto: H. Röth

Die Rohrbacher
Straße beim
Adenauerplatz am
21. Juli 1986
Foto: H. Röth

Die Straßenbahn war nach dieser Entwicklung zwar als Verkehrssystem erhalten worden, aber das Ziel, den Rückgang der Fahrgastzahlen zu stoppen, wurde eindeutig verfehlt. 1980 fuhren nur noch 25,1 Millionen Menschen mit der HSB, zehn Millionen weniger als noch 1970. Im 100. Jahr ihres Bestehens waren es sogar nochmals 2,2 Millionen weniger. Als Folge der Umwälzungen in den siebziger Jahren konnte die HSB nun das Hauptziel ihrer Fahrgäste, die zentrale Hauptstraße, nicht mehr direkt anfahren, sondern nur noch Bismarckplatz oder Universitätsplatz bedienen. Die Ersatzhaltestellen am Neckarufer und in der Friedrich-Ebert-Anlage wurden von den Fahrgästen wegen der langen Wege schlecht angenommen. Drei Viertel der verbliebenen Fahrgäste mussten nun auf dem Weg in die Altstadt umsteigen, so eine im Dezember 1980 veröffentlichte Studie. Auch waren die Behinderungen der Busse durch den Autoverkehr unattraktiv.

Tramnetz mit Lücken

Das Ergebnis der Studie musste allen Verantwortlichen in den Ohren klingen: „Die Stillegung eines den Fußgängerbereich in seiner Kernzone ... erschließenden Verkehrsmittels kann einen gravierenden Rückgang der Fahrgastzahlen zur Folge haben. Eine derart verschlechterte ÖPNV-Erschließung kann zu strukturellen Veränderungen des betroffenen Innenstadtteils beitragen. In solchen Fällen ist daher eine besondere Sorge für eine gleichwertige ÖPNV-Erschließung in anderer Konfiguration zu tragen." (S. 147) Die HSB zählte in der Altstadt nach der Einstellung nur noch halb so viel Fahrgäste und vor allem die Geschäfte in der östlichen Hauptstraße mussten mit ansehen, wie sich die Kun-

Durch Heidelbergs Vororte, 20. September 1986: ein Zug in der Karlsruher Straße

Foto: H. Röth

Rechte Seite: Das Streckennetz der Straßenbahn in der Innenstadt Heidelbergs, 2002

Plan: R. Eisele

den stärker auf die zentral in der Nähe des Bismarckplatzes gelegenen Bereiche konzentrierten. Die von den Experten damals als Ersatz angebotene Buserschließung konnte die Straßenbahn also nicht ersetzen und daran ließ sich nun nichts mehr ändern.

Die Studie ergab nämlich auch, dass die Anfang der siebziger Jahre noch so euphorisch aufgenommenen neuen Verkehrsmittel (Kabinenbahn etc.) aus Rücksichtnahme auf das historische Stadtbild nur unterirdisch verkehren konnten. Doch waren die hohen Kosten für einen Tunnel unter der Altstadt nur dann zu rechtfertigen, wenn das neue System danach auch auf das ganze Stadtgebiet ausgedehnt würde. Das konnte aber schon nach einer ersten Ab-

schätzung der Kosten kaum als realistisch bezeichnet werden. Vor allem hätte man dafür die Altstadt über mehrere Jahre in eine Riesenbaustelle verwandeln müssen. „Die Gutachter haben Zweifel, ob eine mehrjährige Baustelle für den Tunnel – vor allem im Falle der (hier technisch notwendigen , G.B.) offenen Bauweise – im Herzen der Heidelberger Altstadt von den Anliegern und der Bevölkerung akzeptiert wird." (S. 145) Die Erschließung durch Kabinenbahn, Straßenbahn oder Bus im Tunnel wurde somit praktisch zu den Akten gelegt.

Damit schied auch ein Straßenbahntunnel aus. Da die oberirdische Straßenbahn nicht erwünscht war, blieb also nur noch die Verbesserung der Busbe-

Am Hauptbahnhof macht die neue Einbindung der OEG am 25. August 1991 sichtbare Fortschritte

Foto: H. Röth

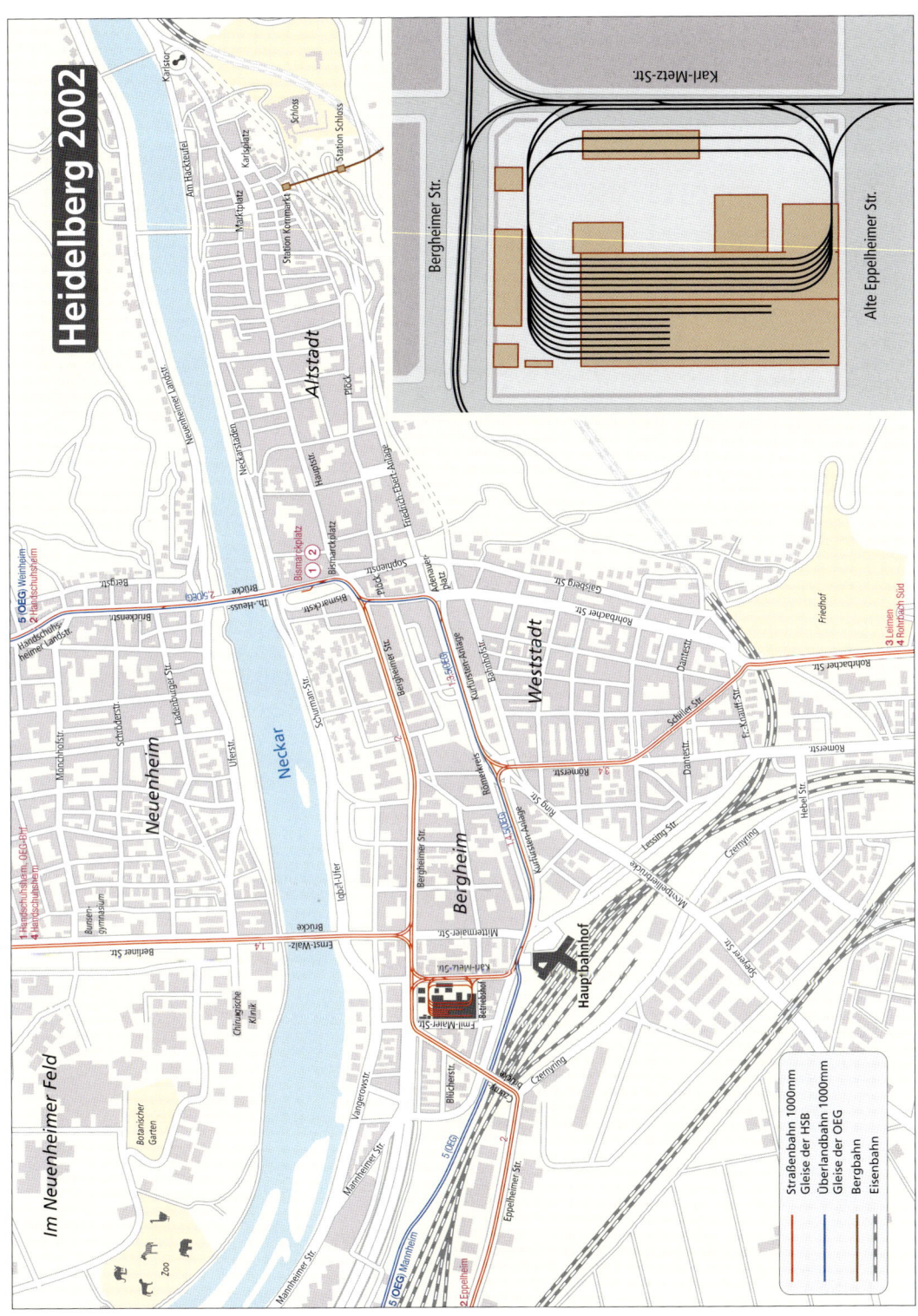

Heidelberg 2002

Karl-Metz-Str.

Bergheimer Str.

Alte Eppelheimer Str.

Altstadt

Karltor

Am Hackteufel

Schloss

Station Kornmarkt

Station Schloss

Karlsplatz

Marktplatz

Neuenheimer Landstr.

Neckarstaden

Hauptstr.

Plöck

Friedrich-Ebert-Anlage

Neckar

Bismarckplatz ① ②

Sophienstr.

Plöck

Adenauer platz

Neuenheim

Ladenburger Str.

Uferstr.

Mönchstr.

Schröderstr.

Handschuhs- heimer Landstr.

Brückenstr.

Bergstr.

Th.-Heuss- Brücke

2 OEG

Bismarckstr.

5 OEG Weinheim
2 Handschuhsheim

Schurman-Str.

Berliner Str.

Bunsen- gymnasium

Mönchhofstr.

1 Handschuhsheim - OEG-Bhf
4 Handschuhsheim

Im Neuenheimer Feld

Botanischer Garten

Zoo

Chirurgische Klinik

Marburger Str.

Vangerowstr.

Mannheimer Str.

Ernst-Walz- Brücke

Igbt-Ufer

1,4

Bergheimer Str.

Bergheim

Mittermaier-Str.

Emil-Maier-Str.

Betriebshof

5 OEG Mannheim

2 Eppelheim

Eppelheimer Str.

Czernyring

2

Maaßstr.

Blücherstr.

Kurfürsten-Anlage

1,2 OEG

Ringstr.

Römerkreis

Hauptbahnhof

Montpellierbrücke

Lessing Str.

Czernyring

Hebel Str.

Speyerer Str.

Weststadt

Bergheimer Str.

Kurfürsten-Anlage

Bahnhofstr.

Gaisberg Str.

Rohrbacher Str.

Dantestr.

Schiller Str.

Fr.-Knauff Str.

Römerstr.

3,4 Römerstr.

Friedhof

Rohrbacher Str.

3 Leimen
4 Rohrbach Süd

Neckar

	Straßenbahn 1000mm
	Gleise der HSB
	Überlandbahn 1000mm
	Gleise der OEG
	Bergbahn
	Eisenbahn

109

**Die neuen Stadt-
bahnwagen der
HSB, oben bei der
Parade im Depot,
unten im Einsatz**

Fotos: HSB-Archiv (2)

dienung. Dafür schlugen die Gutachter vor, dass auch das restliche Straßen-bahnnetz still gelegt werden sollte, weil dann von den Hauptästen des Nahver-kehrsnetzes die Busse wenigstens di-rekt zum Universitätsplatz fahren könnten und das bei den Fahrgästen unbeliebte Umsteigen entfallen würde.

Das würde sich auch rechnen, behaup-teten die Gutacher und verwiesen dafür ausschließlich auf eine „Studie" über die Hamburger Straßenbahn, die schon damals umstritten war und heute als ziemlich fragwürdig gilt.

Abkehr von den Gutachten

Die HSB ließ sich von dieser Empfeh-lung nicht beirren. Denn selbst Profes-sor Schaechterle hatte in der Fortschrei-bung des Generalverkehrsplans 1978 an der Straßenbahn festgehalten und außerdem hatten interne Berechnungen von 1980 ergeben, dass man mit einem erweiterten Straßenbahnbetrieb auch erhebliche Einsparungen im Busbereich vornehmen und damit unter dem Strich auch Geld sparen könnte. (RNZ, 18. Juni 1998) Statt sich dem starken Druck zu beugen und die Straßenbahn

ganz aufzugeben, setzte die HSB auf den Erhalt der Straßenbahn. Zu diesem Zeitpunkt war das Straßenbahnnetz noch 19,1 Kilometer lang und wurde mit 35 Fahrzeugen bedient. Die HSB hatte 1980 nur noch 24,2 Millionen Fahrgäste befördert, von denen die Straßenbahn trotz der starken Reduzierung des Netzes immer noch die Hälfte beförderte.

Grundsatzbeschluss für die Straßenbahn

Der Aufsichtsrat der HSB verabschiedete daher am 10. April 1981 einen Grundsatzbeschluss zur Straßenbahn. Darin hieß es: „Der verhältnismäßig gute Zustand der Straßenbahnanlagen ... (lässt) eine Weiterführung des derzeitigen Betriebssystems mit Straßenbahnen und Bussen ohne größeren wirtschaftlichen

Nachteil bis etwa zum Jahre 1990 zu ..." (Aufsichtsratsvorlage, Seite 10). Am 24. Februar 1982 verabschiedete der Aufsichtsrat ein Beschleunigungsprogramm, das die Pünktlichkeit, Schnelligkeit und Zuverlässigkeit von Bussen und Bahnen sicherstellen sollte. Außerdem sollte die Straßenbahn im Zuge der Berliner Straße auf einem eigenen Bahnkörper bis an die vorhandene Strecke am Hans-Thoma-Platz herangeführt werden.

Am 6. Mai 1982 bekam die HSB Rückendeckung: „Der Gemeinderat räumt bei der Verkehrsplanung der Verbesserung des ÖPNV in Heidelberg Priorität ein. ... Dabei bildet das schienengebundene Verkehrsmittel Straßenbahn ein wesentliches und unverzichtbares Teilstück des Heidelberger Nahverkehrsnetzes." Der Generalverkehrsplan in der Fassung vom 16. Dezember 1982

Theodor-Heuss-Brücke 1996 mit Stadtbahnwagen und OEG-Zug

Foto: H. Röth

neut umgebauten Bismarckplatz auf einer gemeinsamen Fahrspur, wodurch das Umsteigen erleichtert wurde.

Der Lückenschluss in der Berliner Straße aber verzögerte sich um viele Jahre. Am 30. Oktober 1988 konnte die Strecke zunächst nur um rund 300 Meter vom Bunsengymnasium zur Blumenthalstraße verlängert werden.

Modern trassiert fährt die Linie 3 zwischen Rohrbach und Leimen

Foto: H. Röth

enthielt das Beschleunigungsprogramm der HSB einschließlich der Streckenerweiterung Berliner Straße.

Seit Fertigstellung des Bismarckplatzes am 29. Juli 1979 fuhr die Linie 2 wieder in beiden Richtungen durch die Bergheimer Straße. Eine Wiederverlängerung auf alten Gleisen bis zum Leimener Friedhof um 200 Meter erfolgte am 20. Juli 1981. Zum Winterfahrplan (ab 10. Oktober 1982) wurde die Linie 1 außerhalb des Berufsverkehrs zum Bismarckplatz zurückgenommen. Dafür fuhr die Linie 4 ganztägig bis Rohrbach-Süd. Die Fahrzeuge zeigten nun auch die Liniennummer in der Farbe an, wie sie im Liniennetzplan eingezeichnet ist: Rot (1), Blau (2), Grün (3), Violett (4).

Die Umsetzung des Beschleunigungsprogramms erfolgte in kleinen Schritten: gründliche Renovierung der Straßenbahnwerkstatt und Neubau der Omnibuswerkstätten (September 1983 bis Mai 1984), Beseitigung einer Gleisverschlingung am Diebsweg (27. September 1984). Die Beseitigung der letzten eingleisigen Strecke in Heidelberg (Czernybrücke) konnte in Folge von zwei Unglücksfällen beim Brückenneubau erst im Juni 1988 endgültig abgeschlossen werden. Ab 22. Februar 1986 hielten Busse und Bahnen auf dem er-

Einen herben Rückschlag bedeutete ein Großfeuer in der Nacht vom 23. auf den 24. August 1984, bei dem die HSB ihre gerade erneuerte Straßenbahnwerkstätte und vier Fahrzeuge verlor. Nur weil die auf dem Nachbargrundstück beheimatete Feuerwehr den versteckten Brandherd bemerkte, konnten noch schlimmere Schäden verhindert werden. Das Personal konnte außerdem noch zwei brennende Fahrzeuge herausziehen, von denen der Achtachser wieder aufgebaut wurde.

Neue Wagen für die HSB

Die HSB brauchte nun dringend neue Fahrzeuge: Nach Probefahrten mit ei-

Eppelheim vor der Gleissanierung, aufgenommen am 15. Mai 1995

Foto: H. Röth

nem Stadtbahnwagen M8C der Essener Straßenbahn im Oktober 1983 hatte sich die HSB seinerzeit für die Bestellung von vier neuen Fahrzeugen dieses Serientyps entschieden, die für die Verlängerung Berliner Straße gebraucht wurden und die auch eine langsame Verjüngung des Wagenparks einleiten sollten. Diese Bestellung musste nach dem Brand auf acht Fahrzeuge aufgestockt werden. Am 11. Dezember 1985 erreichte der erste neue Stadtbahnwagen Heidelberg.

Eine weitere Gleisbaumaßnahme erfolgte durch die OEG: 1987 stimmte der Gemeinderat einer neuen Trasse vom Ochsenkopf zum Hauptbahnhof zu, nachdem die Gleisanlagen in der Kurfürsten-Anlage schon 1983 für das Befahren mit den breiteren Fahrzeugen der OEG umgebaut worden waren. Die OEG-Anbindung wurde am 15. Mai 1993 eröffnet. Die HSB überlegte in diesem Zusammenhang aber auch, die Strecke durch die Bergheimer Straße stillzulegen. Nach Anwohnerprotesten kam es schließlich nicht dazu.

1985: 100 Jahre HSB

Doch auch mit dem Beschleunigungsprogramm von 1982 war die Lage für die HSB nicht durchweg rosig. Angesichts eines weiter wachsenden Defizits und immer noch sinkender Fahrgastzahlen war man zum Sparen angehalten, und das hieß Vermeidung von Ausgaben, die den städtischen Haushalt belasten würden. Größere Erweiterungspläne hatten dabei kein Chance. Die Zukunftsperspektiven aus der Schrift zum 100-jährigen HSB-Jubiläum 1985 klangen dann auch eher resigniert: Die Fahrgastzahlen sanken, das Defizit stieg, aber die HSB durfte dagegen nur Maßnahmen ergreifen, die möglichst kein Geld kosteten. So las man neben den konkreten Aussagen zur Vollendung des Lückenschlusses der Berliner Straße und den bestellten acht neuen Wagen nur allgemeine Appelle an die Bürger, doch mehr mit Bussen und Bahnen zu fahren. Und die Festschrift bemerkte zu den Einstellungen der Strecken nach Kirchheim, Schwetzingen und Wiesloch: „Ob die Entscheidungen allerdings bei den im Jahre des 100-jährigen Bestehens auftretenden Umweltproblemen ebenfalls so gefallen wären, ist zu fragen." (100 Jahre HSB, Seite 26).

Impulse aus dem Umland

Erste Impulse für eine neue Bewertung der Straßenbahn gab es im Umland: In Nußloch begann im Juni 1985 das Nachdenken über eine Wiedereinführung der Straßenbahn. 1987 gab die Gemeinde Nußloch tatsächlich eine Machbarkeitsstudie für eine Wiedereinrichtung einer Straßenbahn in Auftrag, die positiv ausfiel. Zehn Jahre nach Einstellung der Straßenbahn in der Hauptstraße unterstützten eine Reihe von Geschäftsleuten eine Demonstration, bei der auch ein nachgebauter Pferdebahnwagen durch die Hauptstraße gerollt wurde. Der Anlass: die Vorstellung eines Projektes zur Wiedereinrichtung einer Straßenbahn in der Hauptstraße, das ein Aktionskreis ausgearbeitet hatte. Mitte des gleichen Jahres gab die HSB ein Gutachten für eine teils unterirdische Stadtbahnlinie vom Karlstor nach Wieblingen in Auftrag. Die Kosten-Nutzen-Analyse verlief negativ, doch waren hier Perspektiven ernsthaft geprüft worden, die erstmals wieder über den bloßen Erhalt der Straßenbahn hinausgingen. Begünstigt wurde dies durch eine neue Einstellung zu Umweltfragen und zum Auto. Im In- und Ausland setzte nun eine Renaissance der Straßenbahn ein.

Ausgewandert: Einige Heidelberger Wagen fahren nun im Großraum Berlin (Schöneiche)

Foto: S. von Mach

übrigen Straßenbahnbetriebe in Baden investierten erfolgreich wieder in die Schiene. Das brachte ihnen mehr Fahrgäste und weniger Defizit. Der neue technische Vorstand, Dr. Norbert Vornehm, kündigte eine stärkere Kundenorientierung an: die Straßenbahn müsse dort fahren, wo die Kunden seien.

Optimierung des Nahverkehrsnetzes

1993 legte die HSB dann ein Gesamtkonzept zur Optimierung des Nahverkehrsnetzes vor. Die Sanierung des lange vernachlässigten Gleisnetzes sollte so vorgenommen werden, dass viele betroffene Abschnitte dabei auf eigenen Bahnkörpern verlegt würden. Für deren Bau konnten Fördermittel in einer Höhe von bis zu 85 Prozent beantragt werden. Ein Beschleunigungsprogramm für Bus und Bahn sollte die vielen Standzeiten vor Ampeln verringern

Modernisierung und Ausbaupläne

Mit der Zielsetzung, durch eine Attraktivitätssteigerung mehr Fahrgäste zum Umsteigen auf öffentliche Nahverkehrsmittel zu bewegen, und einem neuen technischen Vorstand ging die HSB in die neunziger Jahre. Auch die

und damit auch Kosten sparen helfen. Neben dem Lückenschluss zwischen Blumenthalstraße und Hans-Thoma-Platz sollte die Straßenbahn auch wieder durch die Rohrbacher Straße vom Adenauerplatz zur Franz-Knauff-Straße verkehren, weil so die Rohrbacher Linien schneller zum zentralen Bismarckplatz gelangen könnten. Neubaustrecken sollten das Neuenheimer Feld mit seinen Forschungs- und Uni-

versitätseinrichtungen, die Heidelberger Altstadt und den Karlstorbahnhof erschließen und ins Umland hinausgreifen. Auch der Stadtteil Kirchheim sollte endlich auf der Schiene angeschlossen, die Strecke dann evtl. gar bis Sandhausen und Walldorf verlängert werden. Das Interesse der Gemeinden Nußloch und Wiesloch an einer Wiedereinrichtung einer Straßenbahnlinie wurde ebenso berücksichtigt wie eine

Die neue Strecke in der Berliner Straße um 1998. Im Hintergrund die Hänge des Odenwaldes
Foto: F. Muth

Im September 2002 ist ein Gelenkwagen am Römerkreis unterwegs. Diese Fahrzeuge werden wohl nicht mehr lange in Heidelberg zu sehen sein

Foto: F. Muth

Auch im Elektronikzeitalter manchmal nicht zu ersetzen: das Weichenstelleisen (Szene am Römerkreis, Sept. 2001)

Foto: F. Muth

Rechte Seite: Die Werbung zeigt es – heute geht der Daumen für die Heidelberger Tram wieder nach oben

Foto: F. Muth

Strecke über Plankstadt nach Schwetzingen. Ferner wollte die HSB eine Zwei-Systemstadtbahn nach dem erfolgreichen Karlsruher Modell prüfen. Dort geht die Straßenbahn mit speziellen Fahrzeugen am Stadtrand auf die Eisenbahngleise über und erschließt so die Region bis Heilbronn und Baden-Baden.

Niederflur für Heidelberg

Die HSB bestellte außerdem zwölf Niederflur-Gelenkwagen, die als fassungsstarke Fahrzeuge den wirtschaftlichen Vorteil der Straßenbahn besser ausnutzen konnten. Mit einem modernisierten Betriebshof (evtl. auch an einem neuen Standort) sollte eine weitere Rationalisierung umgesetzt werden. Spezielle Tarifangebote, wie ein Semesterticket für Studenten, und eine deutlich verbesserte Information der Öffentlichkeit über neue und schon bestehende Angebote sollten die Ausbaumaßnahmen unterstützen. Die Neubauvorhaben wurden 1994 in teils abgewandelter Form in den Verkehrsentwicklungsplan der Stadt Heidelberg aufgenommen.

Neubaustrecke in der Berliner Straße

Sichtbares Zeichen für die neue Zukunftsperspektive waren das Eintreffen der zwölf neuen Niederflurwagen (ab Ende 1994) und überdies auch die Inbetriebnahme der 970 Meter langen Neubaustrecke in der Berliner Straße am

11. November 1995. Oberbürgermeisterin Beate Weber erinnerte bei der Jungfernfahrt an die Zeiten der Straßenbahneinstellungen. Nach einem Umdenken und einer „Entscheidungsblockade" (RNZ, 13. November 1995) sei diese Neubaustrecke nun ein erster Schritt und eindeutiger Beleg dafür, dass die Zeit des „Gleisestilllegens" vorbei sei. Am Hauptbahnhof entstand 1993 eine zentrale Haltestelle für alle Busse und Bahnen sowie der OEG. 1994 folgte der Bau einer Umsteigehaltestelle in Rohrbach-Süd, die auch einen städtebaulichen Akzent setzte. In der verkehrsberuhigten Bergheimer Straße erhielten Straßenbahn und Bus 1995 eine abgegrenzte Trasse mit besonders gestalteten Haltestellenbereichen. Gleichzeitig wurde die Haltestelle Betriebshof so zusammengefasst, dass bequem zwischen den Linien umgestiegen werden kann. Die anschließende Trasse in der Kurfürsten-Anlage wurde für die teilweise Mitbenutzung durch Busse ausgebaut. Zusammen mit einer Erweiterung und Optimierung des Busnetzes und attraktiven Tarifangeboten ließen diese Maßnahmen tatsächlich die Fahrgastzahlen wieder stark ansteigen. 2001 beförderte die HSB rund 43 Millionen Fahrgäste, zur Hälfte mit der Straßenbahn. Grundlegend erneuert wurden Gleise inzwischen in Eppelheim, Leimen und im Jahr 2002 während einer monatelangen Betriebspause in der Brückenstraße. Die Gleise in der Römerstraße sollen folgen. Am 15. Dezember 2002 ging dann die neue Gleisanlage am Hans-Thoma-Platz endgültig in Betrieb. Seitdem endet hier die vom Technologiezentrum verlängerte Linie 1.

Ein Niederflurwagen biegt am Autobahnanfang in die Bergheimer Straße ein

Foto: F. Muth

Gehörte bis 1999 zum Heidelberger Alltag: KSW 62 rückt als Schleif-triebwagen aus dem Depot aus
Foto: F. Muth

Nächtliches Treffen von Stadtbahn- und Niederflur-wagen auf dem Bismarckplatz
Foto: S. v. Mach

Auch die Anbindung Kirchheims an das Straßenbahnnetz wurde auf den Weg gebracht. Mit einem Runden Tisch versuchte die HSB im Vorfeld, Anliegen der Einwohner zu berücksichtigen. Leider verzögerte sich die Umsetzung der meisten Maßnahmen durch z.T. erheblichen Widerstand gegen Einzelheiten der Planung und eine längere Personaldebatte. Der Gemeinderat entschied sich bei Kirchheim zu einer nochmaligen Prüfung aller Trassenvarianten, weil es in dem Ortsteil nach wie vor erhebliche Vorbehalte gegen Teile der geplanten Streckenführung gibt. Ein anderes Beispiel ist die Erneuerung der 1948 verlegten Gleise in der Römerstraße. Hier dauerte die schwierige politische Abwägung der Varianten der Neugestaltung des Straßenraums viele Jahre. An anderer Stelle kam es auch zu einem bedauerlichen Rückschlag: In der Bergheimer Straße mussten 2001 die Gleisanlagen nochmals erneuert werden, weil die Arbeiten teilweise mangelhaft ausgeführt worden waren. Durch Konkurs der Baufirma entstanden der HSB erhebliche Kosten.

Neue Wagen 2002

Mit dem Einsatz von Doppeltraktionen der Sechsachs-Gelenkwagen ging die HSB 1998 zum Einsatz wirtschaftlich langer Fahrzeugeinheiten über. Seit Oktober 2002 gibt es nun eine ganz neue Generation: die gemeinsam mit anderen Betrieben im Rhein-Neckar-Raum beschafften Niederflurbahnen. Mit der Auslieferung des ersten der 40 Meter langen Wagen begann für die HSB die Fahrt in die Zukunft.

Wagen 218 erstrahlt noch in seinen Ursprungsfarben (Bismarckplatz, 2002)

Foto: F. Muth

8. Zukunftsvision 2003: Pläne für die Straßenbahn

Die Tram von morgen heißt „Variobahn". Im Jahr 2003 rollen die neuen Triebwagen auf dem HSB-Netz

Foto: Fotostudio Gärtner

Vor der Bestellung neuer Fahrzeuge erprobte die HSB auch den Combino von Siemens (hier im Betriebshof, Herbst 1998)

Foto: U. Hinzpeter

Auch der Darmstädter Niederflurwagen von Alstom wurde auf Heidelberger Gleisen getestet (Bild in Handschuhsheim)

Foto: H. Hanel

Montpellier, eine von Heidelbergs Partnerstädten, besitzt seit 1998 wieder eine moderne Straßenbahn. Bis 2006 werden zwei weitere Linien gebaut

Foto: S. v. Mach

Rechte Seite: die Planungen aus dem Jahr 2002

Plan: R. Eisele

Heidelberg 2002

Ladenburg

Schriesheim

Dossenheim

Peterstal

Edingen

Ziegelhausen

Wieblingen

③ ④ Handschuhsheim, Burgstr.

Handschuhsheim

① Handschuhsheim, OEG Bhf.

Im Neuenheimer Feld

Neuenheim

Zoo

Neckar

Bergheim

① ② Bismarck-platz

Altstadt

Schlierbach

Depot

Eppelheim

Hbf

Weststadt

Neckargemünd

Pfaffengrund

② Eppelheim, Kirchheimerstr.

Plankstadt

Südstadt

Rohrbach

Boxberg

Waldhilsbach

Schwetzingen

Patrick-Henry-Village

Kirchheim

Emmertsgrund

Gaiberg

Wiesenbach

Ottersheim

④ Rohrbach Süd

Bammental

Leimen

Sandhausen

③ Leimen, Friedhof

Gauangelloch

St. Ilgen

Nußloch

Schatthausen

Walldorf

Wiesloch

Baiertal

Dielheim

Horrenberg

Rauenberg

St. Leon-Rot

——	Straßenbahn 1000mm (HSB)
——	Überlandbahn 1000mm (OEG)
——	in Planung (HSB)
②	Endhaltestelle
⋯⋯	Bergbahn
-·-·-	Eisenbahn
▬▬	Tunnelstrecke

Zukunftsperspektiven

Zurzeit arbeiten die Verkehrsbetriebe in Mannheim, Ludwigshafen und Heidelberg in Arbeitsgruppen zusammen, um ein Strukturmodell der regionalen Zusammenarbeit im ÖPNV des Rhein-Neckar-Raums zu gestalten und sich auf das weitere Verfahren zur Allianzbildung zu einigen. Die Auswirkungen auf die HSB sind noch nicht abzusehen.

Straßenbahn nach Kirchheim

Die HSB versorgt den Stadtteil Kirchheim mit drei Buslinien und aufgrund der hohen Fahrgastzahlen zu Hauptverkehrszeiten werden regelmäßig Ersatzbusse eingesetzt. Mit einer Straßenbahnlinie in den einwohnerstarken Stadtteil könnten die Fahrgäste bequemer, schneller und wirtschaftlicher an ihr Ziel gebracht werden. Auch die Attraktivität des Nahverkehrs könnte gesteigert werden. Die geplante Trasse soll vom Römerkreis über Ringstraße, Montpellierbrücke, Carl-Benz-Straße, Hebelstraße, Kirchheimer Weg, Schwetzinger Straße und Heuauer Weg bis zum Kirchheimer Friedhof verlaufen. Eine Verlängerung der Straßenbahnlinie könnte für die südlich von Heidelberg gelegenen Gemeinden Sandhausen und Walldorf interessant sein.

Straßenbahn in die Heidelberger Altstadt

Die HSB legte 1998 ein Gutachten zur Erschließung der Heidelberger Altstadt vor. Daraufhin beschloss der Gemeinderat im April 1999, in einer ersten Baustufe eine zweigleisige Straßenbahnstrecke durch die nördliche Friedrich-Ebert-Anlage über die Grabengasse zum Universitätsplatz zu planen und einen entsprechenden Antrag auf Fördermittel aus dem Gemeindeverkehrsfinanzierungsgesetz vorzubereiten.

Erschließung des Klinikareals Neuenheimer Feld

Die Kliniken im Neuenheimer Feld werden in den nächsten Jahren erheblich wachsen. Ein Ausbau des Nahverkehrsangebotes bietet sich an. Es wird geprüft, ob eine Straßenbahntrasse im südlichen Bereich durch Berliner Straße, Jahnstraße, Hofmeisterweg, Tiergartenstraße bis zu einer Endstelle am Schwimmbad möglich ist. Bei der Untersuchung ist besonders zu berücksichtigen, dass der Straßenbahnbetrieb keinerlei Auswirkungen hat auf die hochempfindlichen Messinstrumente des Deutschen Krebsforschungszentrums, das sich in unmittelbarer Umgebung der Trasse befindet.

Linie 2 in die Bahnstadt

Die Stadt Heidelberg plant die Erschließung des Güterbahnhofs-Gelän-
des. Die Straßenbahnlinie 2 würde von
der Czernybrücke in die neue Bahn-
stadt hineinfahren und nach Nordwes-
ten abbiegen, um an der Eppelheimer
Straße wieder auf ihre bisherige Trasse
einzubiegen. Ein Anschluss an die neue
Straßenbahnlinie nach Kirchheim wäre
ebenfalls möglich.

Straßenbahntrassen in die Nachbargemeinden und Städte

Eine Verlängerung der Straßenbahnlinie 2 von Eppelheim über Plankstadt
nach Schwetzingen ist nach einer Machbarkeitsstudie wirtschaftlich. Die direkte Anbindung an Heidelberg würde sicher auch einige Autofahrer dazu bewegen, auf die Straßenbahn umzusteigen.
Diesen Effekt hätte auch die Verlängerung der Linie 3 von Leimen über
Nußloch nach Wiesloch und eine Verlängerung der künftigen Straßenbahnlinie über Kirchheim hinaus über Sandhausen bis Walldorf. Über die weiteren
Vorgehensweisen und Pläne müssen
nun die Stadt- und Gemeindeverwal-
tungen entscheiden.

Künftig sind die HSB-Fahrgäste in geräumigen Bahnen mit freundlicher Innenausstattung unterwegs

Foto: Fotostudio Gärtner

Die Stirnfront in Weiß und Blau unterstreicht die schlanke elegante Erscheinung der neuen Wagen

Foto: Bombardier

In den Variobah-nen wurde auch der Fahrerplatz nach modernsten Erkenntnissen gestaltet

Foto: Fotostudio Gärtner

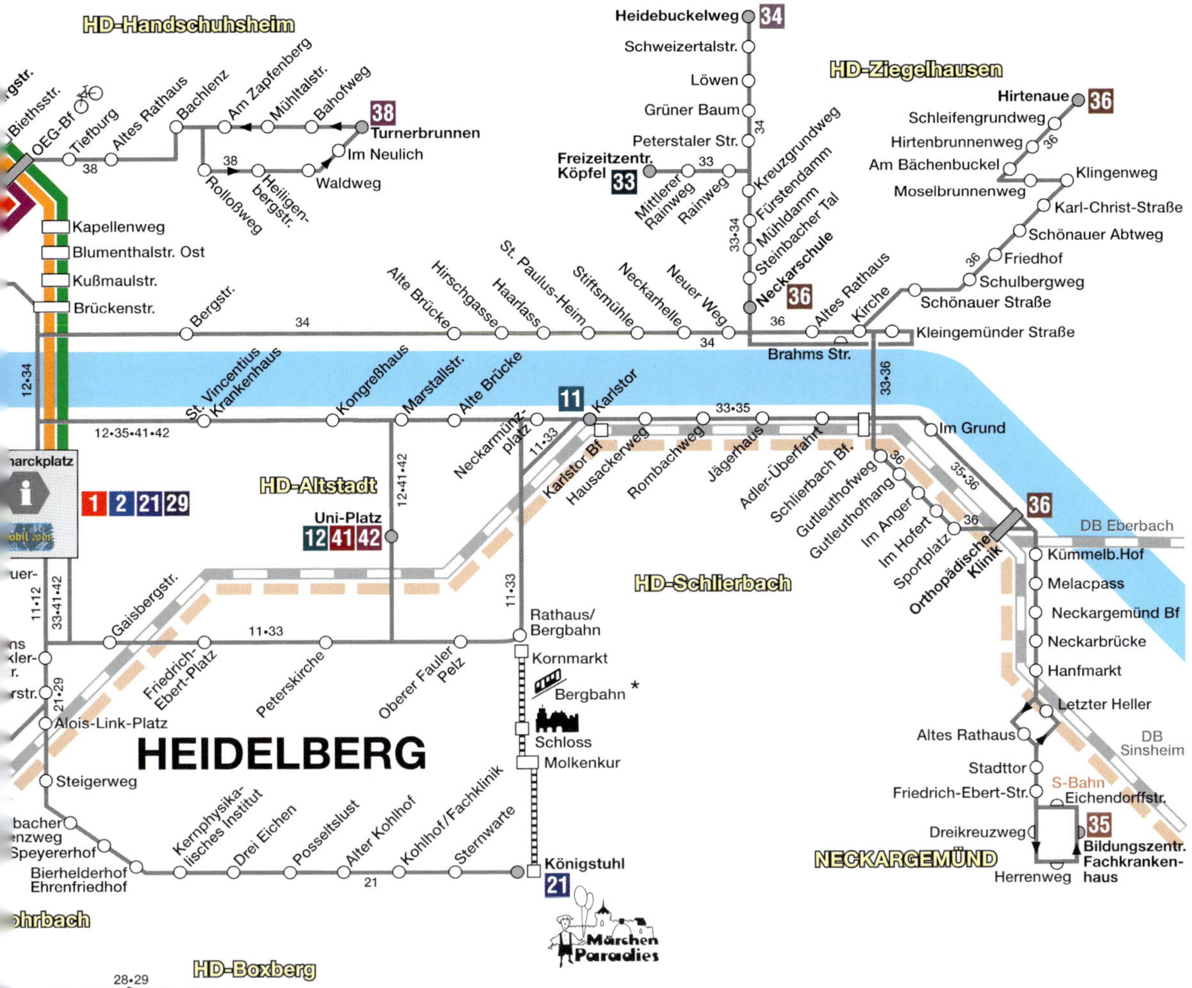

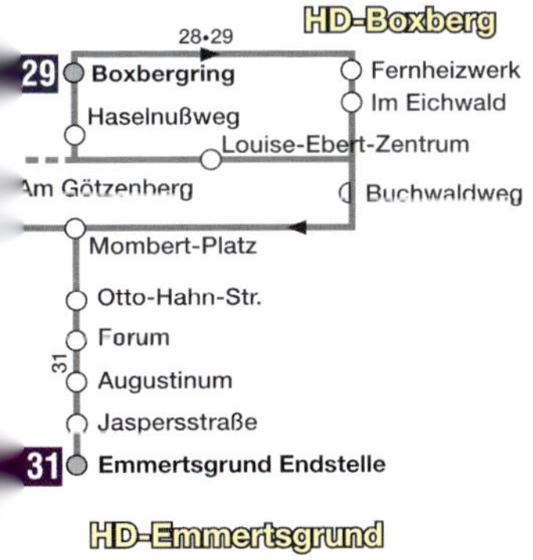

HD-Handschuhsheim

HD-Ziegelhausen

Heidebuckelweg **34**

Schweizertalstr.

Löwen

Grüner Baum

Peterstaler Str.

Freizeitzentr. Köpfel **33**

Mittlerer Rainweg

Rainweg **33**

Kreuzgrundweg

Fürstendamm

Mühldamm

Steinbacher Tal

Neckarschule

36

Hirtenaue **36**

Schleifengrundweg

Hirtenbrunnenweg **36**

Am Bächenbuckel

Moselbrunnenweg

Klingenweg

Karl-Christ-Straße

Schönauer Abtweg

Friedhof

Schulbergweg

Schönauer Straße

Kleingemünder Straße

OEG-Bf
Tiefburg
Altes Rathaus
Bachlenz
Am Zapfenberg
Mühltalstr.
Bahofweg **38**
Turnerbrunnen
Im Neulich
Waldweg
Heiligenbergstr.
Rolloßweg
38

Biethsstr.
gstr.

Kapellenweg
Blumenthalstr. Ost
Kußmaulstr.
Brückenstr.

Bergstr.
34

Alte Brücke
Hirschgasse
Haarlass
St. Paulus-Heim
Stiftsmühle
Neckarhelle
Neuer Weg
Alte Brücke
34

Brahms Str.

St. Vincentius Krankenhaus
Kongreßhaus
Marstallstr.
Neckarmünzplatz
11
Karlstor
33·35
Im Grund

12·34

12·35·41·42

marckplatz

i

1 **2** **21** **29**

HD-Altstadt

Uni-Platz

12 **41** **42**

12·41·42

11·33

Karlstor Bf
Hausackerweg
Rombachweg
Jägerhaus
Adler-Überfahrt
Schlierbach Bf
Gutleuthofweg
Gutleuthofhang
Im Anger
Im Hofert
Sportplatz
Orthopädische Klinik
36
35·36
36
36

36

DB Eberbach
Kümmelb.Hof
Melacpass
Neckargemünd Bf
Neckarbrücke
Hanfmarkt
Letzter Heller
DB Sinsheim

HD-Schlierbach

Gaisbergstr.
Friedrich-Ebert-Platz
Peterskirche
Oberer Fauler Pelz
Rathaus/ Bergbahn
Kornmarkt
Bergbahn *
Schloss
Molkenkur

11·33

21·29
11·12
33·41·42

er-
uer-
kler-
r.

Alois-Link-Platz

HEIDELBERG

Steigerweg

bacher
enzweg
Speyererhof
Bierhelderhof
Ehrenfriedhof

ohrbach

Kernphysikalisches Institut
Drei Eichen
Posseltslust
Alter Kohlhof
Kohlhof/Fachklinik
Sternwarte
Königstuhl
21
21

Altes Rathaus
Stadttor
Friedrich-Ebert-Str.
Dreikreuzweg
Herrenweg
S-Bahn
Eichendorffstr.
Bildungszentr. Fachkranken- haus
35

NECKARGEMÜND

Märchen Paradies

---

29 Boxbergring
Haselnußweg
Am Götzenberg

HD-Boxberg

28·29

Fernheizwerk
Im Eichwald
Louise-Ebert-Zentrum
Buchwaldweg

Mombert-Platz
Otto-Hahn-Str.
Forum
Augustinum
Jaspersstraße

31

31 Emmertsgrund Endstelle

HD-Emmertsgrund

HSB Liniennetz Straßenbahnen und Omnibusse

i HSB-Information	**P+R** 🚲	Park & Ride, Bike & Ride
▭ ◯ Haltestellen	– – – –	Montag - Freitag
▬ ◉ Endhaltestellen		S-Bahn (ab Dez. 03)
▶ Fahrtrichtung		Deutsche Bahn

1 **2** **3** **4** Straßenbahnen   **5ᴿ** OEG

Auskünfte erhalten Sie bei der VRN-Fahrplanauskunft
Tel. 0180 / 21 94 49 oder unter der HSB-Service-Nummer 0 62 21 / 513-20 00.

* HSB-Bergbahn-Benutzung mit VRN-Fahrscheinen nicht möglich.
Ausnahme: Inhaber von VRN-Jahres- und Halbjahreskarten mit Fahrt-
berechtigung in Wabe 125 (Großwabe Heidelberg) fahren kostenlos.
© 2002 HSB & Pietruska-Verlag & GEO-Datenbanken GmbH (H14001)

Stand: November 2002

9. Heidelberger Fahrzeuge

An den Dachaufbauten und an den
Fenstern unterschieden sich die ehemaligen „Wieslocher" Wagen (links)
von denen aus Heidelberg (rechts)
Foto: H. Röth

Die blau-weißen Fahrzeuge prägten das Erscheinungsbild der HSB. Aber nur wenige Fahrgäste haben wohl bewusst wahrgenommen, dass sich die im Laufe der Jahre immer nur in kleinen Serien beschafften Wagen in vielen kleinen und großen Einzelheiten voneinander unterscheiden. Die HSB folgte früh dem Trend zu langen Fahrzeugen und langen Zügen. So ließen sich mit gleichbleibendem Personalaufwand mehr Fahrgäste befördern: Nach Auslieferung der Gelenkwagen ging ab 1960 der personalintensive Einsatz von Beiwagen zurück, bis der Beruf des Schaffners ganz aufgegeben wurde.

Schienenverkehrsmittel tragen als Unterscheidungsmerkmal Nummern. Das Ordnungssystem für die Nummern musste bei der HSB 1920 und 1928 an die Entwicklung angepasst werden, wie die Fahrzeugtabelle erläutert. Im Text werden die Wagen unter der jeweils gültigen Nummern beschrieben.

Die folgenden Details – vor allem aus den ersten Jahrzehnten der Fahrzeugentwicklung bei der HSB – hat Helmut Röth in geduldiger Detektivarbeit aus den wenigen noch vorhandenen Unterlagen rekonstruiert, welche die Kriegswirren, Umzüge und den Brand des Depots überstanden hatten. Wiedergegeben wird also gewissermaßen der „Forschungsstand des Jahres 2002". Sachdienliche Ergänzungen sind immer willkommen.

Die ersten Fahrzeuge

Die HSB hatte für die Betriebsaufnahme der Elektrischen 14 Triebwagen von der ortsansässigen Firma Fuchs in Kirchheim bestellt. Diese wurden aber nicht rechtzeitig für die Inbetriebnahme der ersten Linie auf den schon elektrifizierten Gleisen der Elektrischen Straßenbahn Heidelberg – Wiesloch zum 23. Juli 1901 fertig. Daher kaufte die HSB der Mannheimer Straßenbahn am 14. Dezember 1901 drei fabrikneue Wagen ab, welche die Hamburger Waggonfabrik Falkenried gerade ausgeliefert hatte, und gab ihnen die Nummern 1 bis 3. Da sich beide Städte für Varianten des so genannten Siemenstyps entschieden hatten, war dies unproblema-

tisch. Die großen Hersteller boten damals eine Art Standardentwurf an, der mit einigen Variationen von diversen Waggonfabriken in großer Stückzahl gefertigt wurde, aber einheitliche elektrische Ausrüstungen erhielt. Der Arbeitsplatz des Fahrers befand sich auf offener Plattform an der frischen (und manchmal auch nassen) Luft. Die Fahrgäste saßen nach Sitte der Zeit auf Holzbänken längs zur Fahrzeugachse.

Die „Mannheimer" Triebwagen (Nummer 1 – 3) waren mit je zwei großen und zwei schmalen Seitenfenstern etwas länger als die Heidelberger Ausführung (Nummer 4 – 17) mit vier gleich großen Fenstern. Zu letzteren passend lieferte der Hersteller Fuchs 1903 vier neue Beiwagen mit vier Seitenfenstern (Nummern 31 – 34). Die zehn offenen Pferdebahnwagen hatte die HSB-Werkstatt noch für den elektrischen Verkehr hergerichtet (35 – 44). Für die neue Strecke nach Handschuhsheim orderte die HSB bei Fuchs noch vier weitere Triebwagen des Ursprungstyps, die bis 1904 aber in der HSB-Werkstatt zusammengebaut wurden. Drei weitere Beiwagen (45 –

47) wurden dagegen im Jahre 1904 fertig geliefert.

1905 wurden die Wagen der elektrischen Straßenbahn Heidelberg – Wiesloch in den HSB-Fuhrpark übernommen: Deren Triebwagen 1 bis 9 (bei HSB 22 – 30) waren mit geschlossener Stirnfront, offenen Einstiegen und fünf Seitenfenstern etwas länger als die HSB-Fahrzeuge. Passend dazu existierten neun gleichartige Beiwagen (erste HSB-Nummern heute unklar; ab 48 oder 51). Hergestellt wurden diese zusammen 18 Fahrzeuge ebenfalls bei Fuchs.

Längere Fahrzeugtypen

Die neuen Außenstrecken nach Kirchheim und Schlierbach konnte die HSB ab 1910 zunächst mit dem vorhandenen Fuhrpark bedienen. Insgesamt war die Nachfrage im Netz aber von 3,8 Millionen im Jahre 1905 auf 6,3 Millionen Fahrgäste im Jahre 1910 angestiegen. Vor allem die Handschuhsheimer Linie erfreute sich großen Zuspruchs. Dem passte die HSB ihren Wagen an: Fuchs lieferte 1911 zunächst vier „große Beiwagen" (61 – 64). Mit vier breiten Fenstern und 9,5 Metern Länge sowie einem an den Stirnfronten heruntergezogenen Oberlichtdach („Torpedodach") sollten sie maßgebend für das weitere Aussehen der Heidelberger Straßenbahn werden. Bei den älteren Triebwagen 1 bis 21 verlängerte die HSB von 1910 bis 1917 nach und nach Dach und Plattformen um ca. 120 Zentimeter und den Achsstand um 80 Zentimeter. Auch bei den Sommerbeiwagen 35 – 44 erfolgte 1909/1910 eine Verlängerung von Wagenkasten und Fahrgestell. Die ehemals Wieslocher Beiwagen erhielten zwischen 1909 und 1911 geschlossene Plattformen.

1911 beschaffte die HSB auch zwei Vierachser mit sog. Maximum-Drehgestellen. Bei ihnen lag die Hauptlast des Wagens auf dem großen Rad, das aber ge-

meinsam mit einem kleineren Rad in einem Drehgestell gelagert war, welches
das Drehgestell in den Kurven anlenk-
te. Die Wagen hatten sechs seitliche
Fenster und waren 12,05 Meter lang. Bei
der Einreihung gab es Schwierigkeiten,
weil keine Triebwagennummer mehr
„frei" war. Die neuen Vierachser erhielten daher die Nummern 90 und 91.

1913 lieferte Fuchs im Hinblick auf die
im Bau befindliche (Neckargemünd)
bzw. konkret geplante Verlängerung
(Eppelheim) acht weitere „große Bei-

wagen" (65 – 72) und weitere fünf Vierachser (92 – 96) mit Maximumgestellen,
aber nur fünf Seitenfenstern mit breiten
Fensterholmen. Dann kam der Erste
Weltkrieg. Die Sommerbeiwagen 35 –
44 dienten (wie auch im Zweiten Weltkrieg) für den Verwundeten-Transport
vom Güterbahnhof zu den Lazaretten.
Materialknappheit und das Fehlen der
einberufenen Fachkräfte führte
zwangsläufig zur Vernachlässigung der
Fahrzeugunterhaltung. Noch schlimmer war der Wagenmangel in Mannheim. Heidelberg half von 1917 bis 1918
mit vier ausgeliehenen Beiwagen (31,
34, 45 und 47). Das Kriegsamt ordnete
ferner an, dass im Frühsommer 1918
auch drei der neuen nicht so dringend
benötigten Vierachser (94 – 96) dorthin
verkauft werden mussten.

Als die Eppelheimer Strecke schließlich
1919 eröffnet werden konnte, musste
die HSB angesichts massiver Materialknappheit und trotzdem notwendiger
Erneuerungsarbeiten im Streckennetz
improvisieren: Zunächst erhielten die
Sommerbeiwagen Seitenwände, um sie
nun ganzjährig als Beiwagen verwen-
den zu können. Ihre Plattformen blieben aber bis zur Verschrottung ca. 1960
offen. In eigener Werkstatt wurden 1920
und 1921 dann je zwei der großen Beiwagen (61 – 64) in Triebwagen (31 – 34)

umgebaut. Dafür wurden nun alle Beiwagen so umgezeichnet, dass ihre Nummern von 41 bis 74 liefen. Für die neuen Strecken nach Schwetzingen und Wieblingen plante die HSB, nach dem Vorbild anderer Städte moderne Vierachser einzusetzen. Fuchs lieferte je zehn äußerlich identische Trieb- und Beiwagen (Nummern 94 – 103 bzw. 75 – 84) mit normalen Drehgestellen und fünf seitlichen Fenstern, die den Fahrzeugen von 1913 ähnlich sahen. Eine Besonderheit aller Vierachser waren Längsbänke zwischen Türen und Trennwänden im Fahrzeug und Quersitze in der abgeteilten Fahrzeugmitte. Auf der Schwetzinger Strecke beförderten die Vierachser bald als ca. 36 Meter lange Drei-Wagen-Züge rund 200 Menschen. Zu diesem Zeitpunkt verlängerte die HSB nun auch Plattformen und Fahrgestelle der ehemals Wieslocher Triebwagen (22 – 30).

Neues Nummernschema ab 1928

1928 wurde das Nummernschema neu geordnet: Ab sofort wurden Triebwagen ein- oder zweistellig bezeichnet, Beiwagen erhielten Nummern ab 101 (Details s. Fahrzeugtabelle). Acht weitgehend baugleich nachgelieferte Vierachserbeiwagen von Fuchs erhielten schon ihre endgültigen Nummern (145 – 152). 1929 kam noch ein Vierachs-Triebwagen (49) mit vier statt bisher zwei Motoren für die mit starken Steigungen versehene Wieslocher Strecke hinzu. Im gleichen Jahr lieferte Fuchs aber auch acht stärker motorisierte, lange Zweiachser (50 – 57) aus, die sich

Ein zweiter Umbau passte den Wagen 3 weitgehend an das Heidelberger Aussehen an. Das Hotel in der Bahnhofstraße warb um 1950 um Gäste aus den USA

Foto: Boehm, Slg. Röth

Der Wagentyp der Serie 113 – 117 mit der ungewöhnlichen Dachform entspricht einer Beiwagenserie, wie sie von Fuchs ab 1928 für die Mannheimer Straßenbahn gebaut wurde

Foto: H. Röth

Verbands-TW 80, KSW 62 als Schleifwagen und sein Nachfolger, der Wagen 200

Foto: G. H. Köhler

dort besser bewährten. In den nächsten Jahren gab es kaum Veränderungen. Vorhanden waren 1939 insgesamt 57 Triebwagen, darunter 15 Vierachser, sowie 52 Beiwagen, davon 18 Vierachser. Die Werkstatt modernisierte 1941 noch die Triebwagen 25, 27 und 30 nach dem Muster der 50er Serie und 1942 die vier Eigenbauten 31 – 34. 1944 gelang auch noch eine Verlängerung des Vierachsers 36. Seit Kriegsbeginn wurden

die Fahrzeuge in Heidelberg wie in anderen Städten auch vorschriftsgemäß verdunkelt.

Die HSB musste 1943 die „Wieslocher" Triebwagen 22 und 23 sowie die Beiwagen 111 und 113 nach Mannheim ausleihen, um den dort schwer dezimierten Wagenpark etwas aufzufüllen. Dort wurden alle vier Wagen zerstört. Aus Mannheim erhielt die HSB Motoren von ausgebrannten Wagen und setzte

Seit 1998 setzt die HSB 14 ihrer Sechsachser-Wagen in Doppeltraktion ein

Foto: H. Röth

Farbgebung

Das Aussehen der Fahrzeuge bis etwa 1925 ist nur durch relativ vage Farbangaben „Blau, Weiß und Gelb" überliefert. Die Absetzstreifen sollen „dunkel" gewesen sein. Eine ungefähre Vorstellung können uns heute nur Modelle vermitteln. Ab 1925 wechselte die Farbgebung auf Weiß und Hellblau. Das Hellblau war eine Spezialmischung der HSB mit einigen „Spritzern" Braun oder Schwarz, wodurch man Verschmutzungen an den Wagen nicht so schnell erkennen konnte. Seit den achtziger Jahren verwendet die HSB ein freundlicheres Blau (RAL 5012) mit größeren Flächen Reinweiß (RAL 9010). Für Abwechslung sorgen die vielen Ganzwerbungen an den Fahrzeugen.

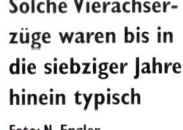

damit eigene Triebwagen wieder in Gang, die in Folge mangelnder Wartung abgestellt waren. (Noch im Dezember 1945 waren bei der HSB nur 31 Triebwagen und 44 Beiwagen einsatzbereit.) Im Jahre 1944 baute Fuchs für die HSB noch fünf neue Beiwagen als Ersatz für die ausgelagerten Fahrzeuge. Sie erhielten die frei gewordenen Nummern 113 bis 117. Diese Wagen mit vier großen Seitenfenstern hatten ein einfaches Tonnendach, das an den Enden jeweils seitlich mit Lüftungsklappen versehen war. Im gleichen Jahr wurden drei ehemals Wieslocher Beiwagen (114 – 116) verschrottet.

Das unzerstörte Heidelberg zog viele Menschen an. 1947 beförderten die nur notdürftig unterhaltenen HSB-Fahrzeuge die nie wieder erreichte Menge von 64,2 Millionen Fahrgästen. Doch die meisten anderen deutschen

Die ersten Wagen der Elektrischen waren in Blau, Gelb und Weiß lackiert. G. Anderssohn baute einen solchen Wagen als maßgetreues Modell nach

Foto: G. Anderssohn

Solche Vierachserzüge waren bis in die siebziger Jahre hinein typisch

Foto: N. Engler

Auch diese Sechs-
achser fuhren mit
Beiwagen. Hier bei
der Einfahrt aus
der Rohrbacher
Straße in die
Schleife Seegarten
am ehemaligen
Bahnübergang

Foto: H. Röth

Die Seitenlage der
eingleisigen Orts-
durchfahrten in
Plankstadt und
Eppelheim erfor-
derten zwei kleine
Türen auf der
linken Seite der
Düwag-Ein-
richtungswagen

Foto: N. Engler

Straßenbahnbetriebe waren in einem viel schlechteren Zustand. Nach der Übernahme der Walldorfer Straßenbahn (s. Seite 153f.) versetzte die HSB Triebwagen 6 auf das dortige Netz und ordnete auch die Walldorfer Fahrzeuge ins HSB-Nummernschema ein (siehe dazu auch Tabelle). Die HSB konnte bei ihrem Straßenbahn-Fahrzeugpark zunächst nur auf die Improvisationskunst ihrer Werkstatt setzen: Von den ehemaligen Pferdebahnwagen wurden die Wagen 102, 104 und 109 ab 1947 etwas modernisiert, ebenso die ältesten Triebwagen, beginnend mit den Wagen 1 bis 3. Diese erhielten nun ebenfalls vier kleine Seitenfenster, „eckigere"

Plattformen und glatte Seitenwände. Analog erhielten noch die Wagen 11, 14 und 17 ein moderneres Aussehen.

Die Nachkriegsfahrzeuge

Dann waren plötzlich doch Neufahrzeuge erhältlich. 1949 konnte Fuchs neun Triebwagen des so genannten KSW-Typs (KSW = Kriegsstraßenbahnwagen) für die HSB bauen. Die Waggonfabriken lieferten diesen standardisierten Typ mit möglichst geringem Materialaufwand an viele Städte. Wegen ihrer Herkunft von Fuchs hießen die Wagen andernorts teils auch „Heidelberger". Besonderes Kennzeichen dieser Wagen (58 – 64) waren die langen Plattformen und nur wenig Sitze – von denen aber erstmals auch zwei für den Fahrer vorgesehen waren. Die HSB-Werkstatt konzentrierte ihre Modernisierungsmaßnahmen sofort auf die jüngeren Vierachser: Wagen 42, 43, 44, 47 und 48 erhielten u.a. zeitgemäße große Stirnfenster.

1952 folgten von Fuchs zehn neue Triebwagen des so genannten Aufbautyps (65 – 74). Die Grundidee: Material sparend wurden neue Wagenkästen auf altbrauchbare Fahrgestelle „aufgebaut". Da es bald wieder genügend Rohstoffe gab, erhielt Heidelberg aber schon komplette Neubauten. Der Verband der Verkehrsbetriebe entwickelte diesen Typ noch weiter. Heidelberg kaufte seinem Hauslieferanten Fuchs von dem eleganteren „Verbandstyp" 1955 und 1956 noch sieben Triebwagen (75 – 81) und insgesamt 15 Beiwagen (154 – 168) ab. Die Wagen hatten erstmals gepolsterte Sitze anstelle der harten Holzbänke.

Doch die stürmische Entwicklung hatte die Zweiachser längst überholt: Seit etwa 1952 waren vierachsige Großraumwagen von der Düsseldorfer Waggonfabrik (Düwag) auf dem Markt, denen schon 1958 die noch erfolgreicheren, sechsachsigen Gelenkwagen folg-

Wagen 80 wird als einziger Museumswagen im Rhein-Neckar-Raum gerne verliehen. Diese Aufnahme entstand in Bad Dürkheim

Foto: U. Hinzpeter

Sie ähneln nur äußerlich den Stadtbahnwagen M8C; beim bequemen Einsteigen in die Niederflurwagen merkt man den Unterschied

Foto: H. Röth

ten. Diese kamen mit nur noch einem (sitzenden) Schaffner aus und waren ganz auf den neuen Rationalisierungszwang bei den Betrieben zugeschnitten. Auch die HSB entschied sich 1960 nach Probefahrten eines Bochumer Gelenkwagens für diesen Typ, um die ältesten Zweiachser aus der Anfangszeit zu ersetzen. Mittlerweile waren diese verschlissenen und veralteten Wagen beim Publikum auch unbeliebt. Da die HSB am Karlstor, bei der Tiefburg, am Bismarckplatz und in Schwetzingen Wendeschleifen besaß und diese auch für Wiesloch und Wieblingen plante, bestellte sie zunächst acht Sechsachser (201 – 208) bei Düwag, die nur über einen Fahrerstand und Türen auf der rechten Seite verfügten („Einrichtungswagen") und die deshalb in den Wendeschleifen umdrehen mussten.

Nach deren Auslieferung 1960 kamen für die Schwetzinger Strecke 1961 fünf Sechsachser (209 – 213) hinzu, die auch zwei einfache Türen auf der linken Seite hatten, damit je nach Fahrtrichtung die einseitigen Haltestellen in den engen Ortsdurchfahrten von Plankstadt und Eppelheim bedient werden konnten (in Richtung Schwetzingen waren die Haltestellen in Plankstadt links, in Richtung Heidelberg war dies in Eppelheim). Zusammen mit einem ange-

Besonders stark: die „großen" Triebwagen
Foto: N. Engler

Die Schleiflok 97 der HSB (Bj. 1929)
Foto: H. Röth

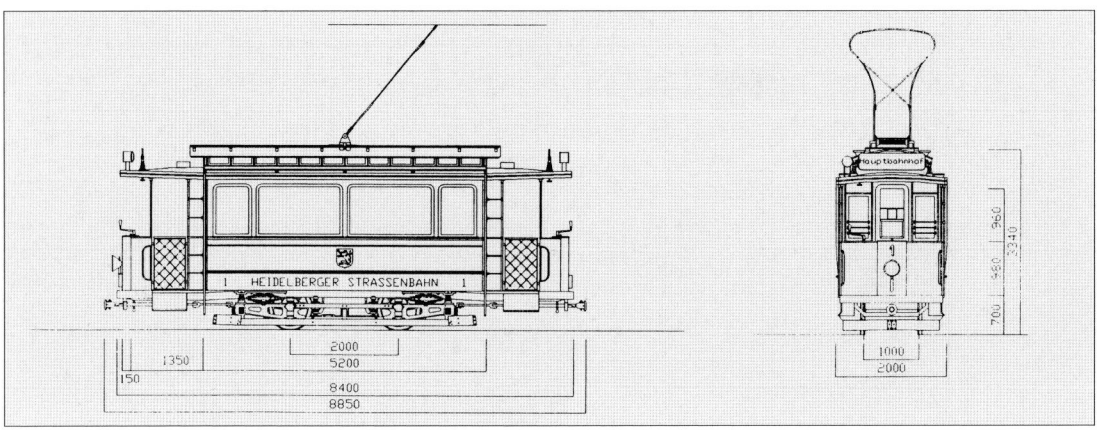

**Ansicht eines der ersten Heidelberger Triebwagen 1 – 3, ausgestattet mit offenen Platt-
formen und mit Aufbaudach** Zeichnung: J. Müller

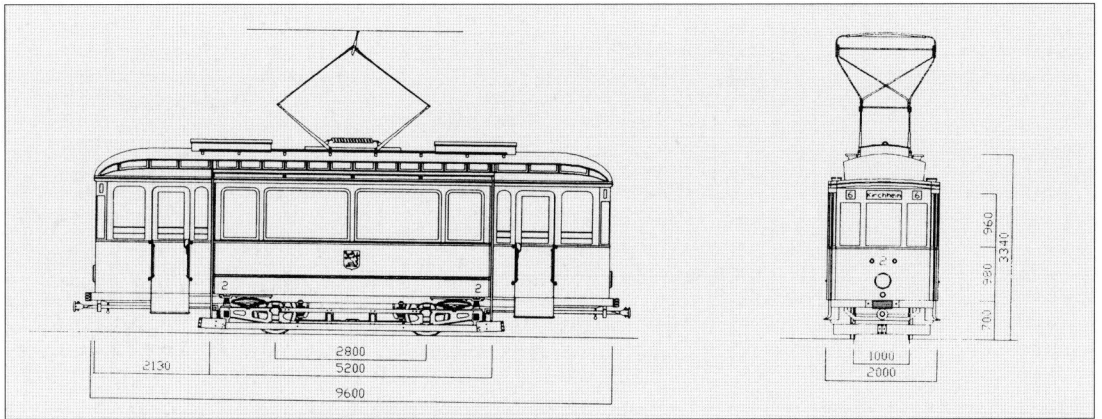

**Vor 1917 wurden die Plattformen der Wagen 1 – 3 verlängert und die Dächer zur Front
hin heruntergezogen** Zeichnung: J. Müller

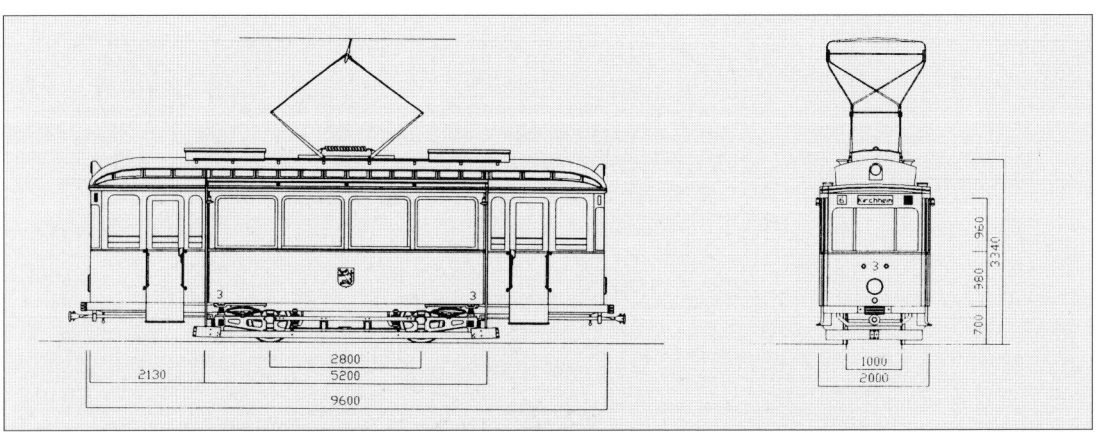

Ein weiterer Umbau gab den Wagen 1 – 3 eine neue Fensterteilung Zeichnung: J. Müller

hängten zwei- oder vierachsigen älteren Beiwagen – mit Türen auf beiden Seiten – waren so bis zu 32 Meter lange Züge unterwegs. Die älteren zweiachsigen Beiwagen wurden mit Ausnahme der neueren Wagen 113 bis 117 und des 1952 umgebauten Wagens 132 verschrottet. Für diese fünf Wagen kam das Ende – wie für die nicht modernisierten Triebwagen aus der Anfangszeit – spätestens nach Einstellung der Linie nach Neckargemünd 1962.

Neue Zweirichtungswagen und Ein-Mann-Betrieb

Weitere Gelenkwagen mit Linkstüren sollten folgen, doch weil die HSB den Bau weiterer Wendeschleifen nicht mehr durchsetzen konnte, verlegte sie sich auf Sechsachser in Zweirichtungsausführung von Düwag. 1964, 1966 und 1968 wurden jeweils vier bzw. acht Fahrzeuge beschafft (214 – 229) und

dafür ältere Fahrzeuge ausgemustert. Das Erscheinungsbild wurde sichtlich moderner. Ende 1970 gab es als Reserve nur noch die modernisierten Vorkriegstriebwagen 3, 11, 14, 15 und 17 sowie 50, 51 und 53 bis 57. Auch bei den Vierachsern zeigten sich Lücken. Bei den neuen Wagen stellte man bald auf „schaffnerlosen Betrieb" um, später wurde der „Ein-Mann-Betrieb" zur Regel.

Die neuen Fahrzeuge lösten aber nicht nur Altbaufahrzeue ab: Gezwungenermaßen musste die HSB auch die 13 Einrichtungs-Gelenkwagen nach Mannheim und Mainz verkaufen. Es gab außer in Schwetzingen und der Rundfahrt durch die Stadt mittlerweile keine Wendemöglichkeiten mehr für diese Fahrzeuge. Obwohl der Straßenbahnbetrieb noch weiter reduziert werden sollte, war die HSB deshalb gezwungen, 15 neue Triebwagen anzuschaffen. Das war die bisher größte zusammenhängende Triebwagenserie der HSB.

Mit den Stadtbahnwagen kam eine moderne Fahrzeuggeneration nach Heidelberg

Foto: F. Muth

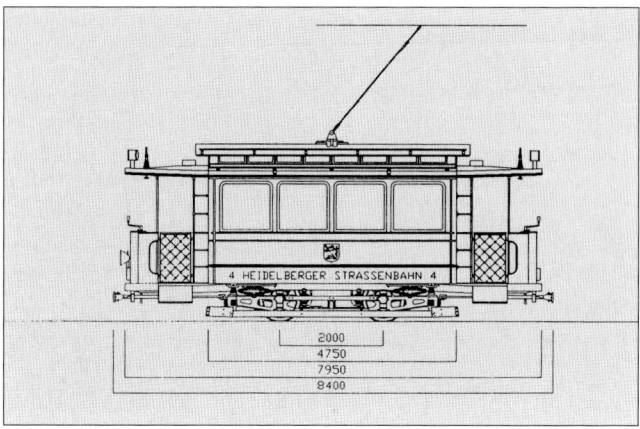

Insgesamt 18 dieser offenen Triebwagen mit vier gleichen Fenstern beschaffte die HSB in der Anfangszeit (hier Nr. 4 – 21)

Zeichnung: J. Müller

Düwag lieferte 1973 die Zweirichtungs-Gelenkwagen 230 – 244. Danach konnten alle noch vorhandenen 21 Vorkriegsfahrzeuge sowie die Zweiachstriebwagen 63, 64 und 67 aus dem Personenverkehr genommen werden, weil der Fahrzeugbedarf durch weitere Streckenstilllegungen inzwischen stark gesunken war. Die Nachkriegszweiachser fuhren größtenteils mit Einstellung der Strecke zum Karlstor auf das Abstellgleis. Einige standen noch bis 1978 als Reserve zur Verfügung. Bald zeigte sich, dass die Sechsachser mit 40 – 42 Sitz- und 68 – 70 Stehplätzen nicht zu allen Tageszeiten dem Aufkommen auf der Hauptlinie 3 genügen konnten. Im Jahre 1975 wurden daher von der HSB vier größere, 153 Personen (54 Sitzplätze) fassende Achtachser (201neu – 204neu) nachbestellt.

Stadtbahnwagen und Niederflurfahrzeuge

Da die Fahrgastzahlen inzwischen wieder stiegen, wollte die HSB nach dem Grundsatzbeschluss zum Fortbestand der Straßenbahn 1982 auch neue Fahrzeuge beschaffen. Die Wahl fiel dabei auf vier Exemplare des im Ruhrgebiet besonders verbreiteten Düwag-Typs „Stadtbahnwagen M". 25,9 Meter lang kann er 140 Personen (54 Sitzplätze) be-

fördern. Kurz nach der Bestellung verlor die HSB im August 1984 dann durch ein Großfeuer im Betriebshof vier ihrer Triebwagen (216, 224, 242 und 204). Folglich wurde die Bestellung bei der Düwag um vier weitere Stadtbahnwagen M8C aufgestockt (dann 251 – 258). Zusätzlich wurde der schwer beschädigte Achtachser 204 wieder aufgebaut. In den neunziger Jahren wurde dann die planmäßige Verjüngung des Fuhrparks eingeleitet. Die HSB kaufte zwölf sechsachsige Niederflurfahrzeuge des Typs MGT6D (261 – 272), deren Fronten äußerlich den Stadtbahnwagen M8C angeglichen wurden. In den 28,9 Meter langen Wagen finden 74 Personen einen Sitz- und 97 Fahrgäste einen Stehplatz. Die ältesten drei Sechsachser 214, 215 und 217 konnten daraufhin in Arbeitswagen für Mannheim und Heidelberg umgebaut werden.

Die „Variobahn"

Ende der neunziger Jahre einigten sich die fünf Verkehrsbetriebe des Meterspur-Schienennetzes im Rhein-Neckar-Raum auf eine Gemeinschaftsbestellung eines neuen Niederflurwagens. Durch die höhere Stückzahl werden bei der Bestellung Kosten gespart, zudem gestaltet sich die Wartung eines einheitlichen Typs in der Mannheimer Zentralwerkstatt effizienter. Nach Probefahrten fiel die Entscheidung auf den Typ „Variobahn". Die HSB bestellte zunächst acht Niederflurtriebwagen von 32 Metern Länge. 2003 sollten weitere, längere Fahrzeuge bestellt werden. Doch das Fahrzeugkonzept musste während des Baus wegen konstruktiver Probleme überarbeitet werden. Die Betriebe erhielten für den durch die verspätete Auslieferung entstandenen Mehraufwand finanziellen Schadenersatz. Die HSB nutzte diese Gelegenheit, um das Fahrzeug gleich mit ca. 40 Metern Länge und einer Kapazität von immerhin 100 Sitz- und 130 Stehplätzen ausführen zu lassen (Nummern 273 – 281). Das erste Fahrzeug erreichte Heidelberg am 18. Oktober 2002.

Um den Bedarf an ausreichend großen Fahrzeugeinheiten für die Linie 3 zu decken, kuppelte die HSB 1998 die 14 jüngsten Sechsachser (Serie 230 – 244) zu sieben gut 41 Meter langen Doppeltraktionen (für ca. 220 Fahrgäste) zusammen. Nach Auslieferung der Variobahnen sollen in Heidelberg regulär keine allein fahrenden Sechsachser mehr zum Einsatz kommen.

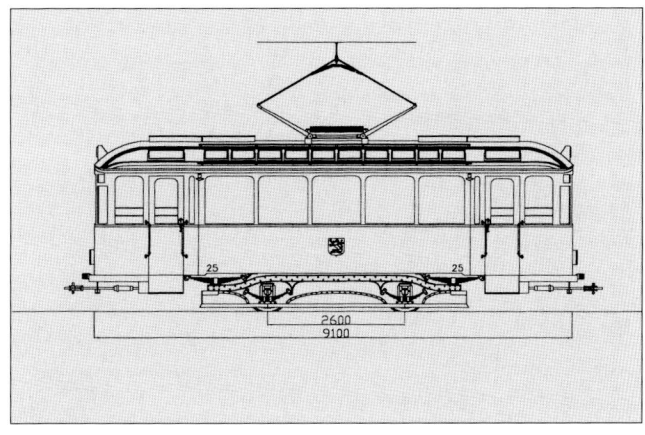

Besondere Fahrzeuge

In den ersten Jahrzehnten des Betriebes gab es zahlreiche Spezialfahrzeuge zum Schleifen und Reinigen der Schienen. Zwei so genannte Sprengwagen versprühten bei lang anhaltender Trockenheit Wasser auf die in Sand verlegten Gleise, um größere Staubwolken zu vermeiden. Von der Elektrischen Straßenbahn Heidelberg – Wiesloch hatte die HSB zwei Güter-Elektrolokomotiven übernommen, die einst dem Steintransport vom Steinbruch bei Nußloch zum Zementwerk Leimen gedient hatten. Sie wurden jedoch bald abgegeben oder verschrottet.

Ausgemusterte Triebwagen dienten oft noch eine Weile als Arbeitswagen. Daneben gab es Loren für Schienen- und Materialtransporte sowie zum Salzstreuen und zusätzlich Schneepflüge. Heute werden die meisten Aufgaben von Kraftfahrzeugen wahrgenommen, nur die Schienenpflege erfolgt noch durch den Triebwagen 200.

Die bis ca. 1995 in Mainz und Mannheim eingesetzten Einrichtungsgelenkwagen 201 bis 213 wurden noch einmal weiterverkauft: sieben Wagen fahren heute im polnischen Elblag (Elbing), zwei in Gotha und je einer in Arad (Rumänien) und Zagreb (Kroatien). 2000 und 2001 kaufte die kleine Über-

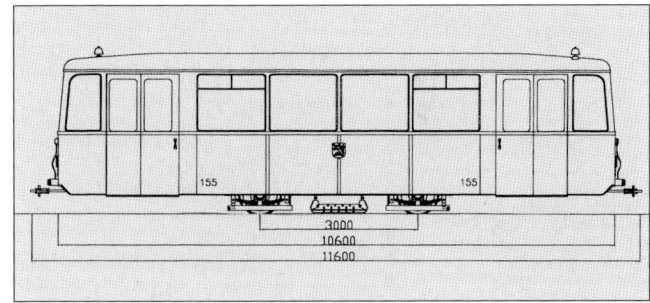

landstraßenbahn Schöneiche – Rüdersdorf bei Berlin drei HSB-Sechsachser (225, 219 und 228) und schlachtete einen vierten (222) als Ersatzteilspender aus. Die gut gepflegten HSB-Fahrzeuge ersetzen dort viel jüngere, aber verschlissene Fahrzeuge aus der Tatra-Produktion. Nach Ablieferung der Variobahnen möchte Schöneiche weitere Fahrzeuge in Heidelberg kaufen. Dann soll auch ein Sechsachser als Partystraßenbahn nach Jena abgegeben werden.

Der ganze Stolz der Heidelberger Straßen- und Bergbahn AG ist heute ihr historischer Triebwagen 80, den jeder Bürger für Sonderfahrten mieten kann. Leider nicht für den Fahrgastverkehr zugelassen ist das noch ältere Gespann, bestehend aus Triebwagen 44 und dem offenen Sommerwagen 6. Für diesen Zug wurde der Beiwagen 102 in den Zustand des Sommerbeiwagens aus dem Jahre 1911 zurückgebaut.

Oben: 1941 wurden einige der „Wieslocher" Wagen dem Aussehen der Triebwagenserie 50 – 57 angepasst.
Unten: Die Heidelberger Beiwagen des Verbandstyps galten als besonders modern.
Fuchs gestaltete die Dachpartie hier anders als beim Standardtyp
Zeichnungen: J. Müller (2)

Wagenliste Heidelberger Straßenbahn

Nr.	Typ	Bj.	Hersteller (el. Teil)	Bemerkungen/Umbau	Verbleib
1. Triebwagen					
1	2x Tw	1901	Falkenried (Siemens)	1901 ex MA 88; Pg 1913-16; Uk 1949	a: 1967
2	2x Tw	1901	Falkenried (Siemens)	1901 ex MA 89; Pg 1917; Uk 1949	a: 1967
3	2x Tw	1901	Falkenried (Siemens)	1901 ex MA 90; Pg 1913-16; Uk 1949	a:1972
4	2x Tw	1902	Fuchs (Siemens & Halske)	Pg 1913-16	a: 1962
5	2x Tw	1902	Fuchs (Siemens & Halske)	Pg 1911	a: 1962
6	2x Tw	1902	Fuchs (Siemens & Halske)	Pg 1912	1946-54=Walldorf, a: 1954
7	2x Tw	1902	Fuchs (Siemens & Halske)	Pg 1912	a: 1961
8	2x Tw	1902	Fuchs (Siemens & Halske)	Pg 1913-16	a: 1962
9	2x Tw	1902	Fuchs (Siemens & Halske)	Pg 1912	a: 1964
10	2x Tw	1902	Fuchs (Siemens & Halske)	Pg 1913-16	a: 1964
11	2x Tw	1902	Fuchs (Siemens & Halske)	Pg 1913-16; Uk 1950	ab 1972 IHS, 1980 DSM (HSM)
12	2x Tw	1902	Fuchs (Siemens & Halske)	Pg 1913-16	ab 1970: Museum Marxzell
13	2x Tw	1902	Fuchs (Siemens & Halske)	Pg 1913-16	a: 1962
14	2x Tw	1902	Fuchs (Siemens & Halske)	Pg 1913-16; Uk 1950	a: 1972
15	2x Tw	1902	Fuchs (Siemens & Halske)	Pg 1913-16	a: 1975
16	2x Tw	1902	Fuchs (Siemens & Halske)	Pg 1911	a: 1962
17	2x Tw	1902	Fuchs (Siemens & Halske)	Pg 1917; Uk 1953	a: 1974
18	2x Tw	1904	Fuchs (Siemens & Halske)	Pg 1913-16	a: 1962
19	2x Tw	1904	Fuchs (Siemens & Halske)	Pg 1917	a: 1962
20	2x Tw	1904	Fuchs (Siemens & Halske)	Pg 1913-16	a: 1962
21	2x Tw	1904	Fuchs (Siemens & Halske)	Pg 1917	a: 1962
22	2x Tw	1901	Düs.Eis.-Bedarf/Fuchs (Lahmeyer)	1905 ex ESHW 1;'	1943 MA leihweise, a: Kriegsverlust MA 1.3.1945
23	2x Tw	1901	Düs.Eis.-Bedarf/Fuchs (Lahmeyer)	1905 ex ESHW 2;'	1943 MA leihweise, a: Brand MA 29.5.1945
24	2x Tw	1901	Düs.Eis.-Bedarf/Fuchs (Lahmeyer)	1905 ex ESHW 3;'	1962=ArbTw 98 IV
25	2x Tw	1901	Düs.Eis.-Bedarf/Fuchs (Lahmeyer)	1905 ex ESHW 4; Uk 1941'	a: 1967
26	2x Tw	1901	Düs.Eis.-Bedarf/Fuchs (Lahmeyer)	1905 ex ESHW 5;'	1961=ArbTw 98 III
27	2x Tw	1901	Düs.Eis.-Bedarf/Fuchs (Lahmeyer)	1905 ex ESHW 6; Uk 1941'	1967=ArbTw 98 V
28	2x Tw	1901	Düs.Eis.-Bedarf/Fuchs (Lahmeyer)	1905 ex ESHW 7;'	1959=ArbTw; Uz 1960=98 II
29	2x Tw	1902	Düs.Eis.-Bedarf/Fuchs (Lahmeyer)	1905 ex ESHW 8;'	1955=RangTw, a: 1956
30	2x Tw	1902	Düs.Eis.-Bedarf/Fuchs (Lahmeyer)	1905 ex ESHW 9; Uk 1947'	a:1969
22"	2x Tw	1907	Fuchs (Lahmeyer)	1946 ex Walldorf 1 ex 2	a: 1954 (nur in Walldorf gefahren)
23"	2x Tw	1923	Fuchs (BBC)	1946 ex Walldorf 6	a: 1954 (nur in Walldorf gefahren)
31	2x Tw	U 1920	Fuchs	ex Bw 63 (Bj. 1911); Uk 1942	a: 1963 (Unfall)
32	2x Tw	U 1920	Fuchs	ex Bw 64 (Bj. 1911); Uk 1942	a: 1966
33	2x Tw	U 1921	Fuchs	ex Bw 61 (Bj. 1911); Uk 1942	a: 1961
34	2x Tw	U 1921	Fuchs	ex Bw 62 (Bj. 1911); Uk 1942	a: 1964
35	4x Tw	1911	Fuchs	1928 ex 90	a: 1961
36	4x Tw	1911	Fuchs	1928 ex 91; Upl 1944; 1 grStf 1956	a: 1966
37	4x Tw	1913	Fuchs	1928 ex 92; grStf 1950	a: 1973
38	4x Tw	1913	Fuchs	1928 ex 93	1974=DSM (HSM)
39	4x Tw	1925	Fuchs (BBC, SSW)	1928 ex 94"	a: 1971
40	4x Tw	1925	Fuchs (BBC, SSW)	1928 ex 95"	a: 1973 (-Kinderklinik)
41	4x Tw	1925	Fuchs (BBC, SSW)	1928 ex 96"	a: 1972
42	4x Tw	1925	Fuchs (BBC, SSW)	1928 ex 97; grStf 1952	a: 1973 (bis 1977=Kindergarten Höllenstein)
43	4x Tw	1925	Fuchs (BBC, SSW)	1928 ex 98; grStf 1951	a: 1973 (-Spielplatz Walldorf)
44	4x Tw	1925	Fuchs (BBC, SSW)	1928 ex 99; grStf 1955	Museums-Tw, noch vorhanden
45	4x Tw	1925	Fuchs (BBC, SSW)	1928 ex 100	a: 1973 (1974=Patrick-Henry-Village)
46	4x Tw	1925	Fuchs (BBC, SSW)	1928 ex 101	a: 1973
47	4x Tw	1925	Fuchs (BBC, SSW)	1928 ex 102; grStf 1951	a: 1974
48	4x Tw	1925	Fuchs (BBC, SSW)	1928 ex 103; grStf 1957	a: 1973 (-Kindergarten Walldorf)
49	4x Tw	1929	Fuchs	4-motorig; 1 grStf 1956	a: 1960
50	2x Tw	1929	Fuchs		a: 1973 (-Spielplatz Bierhelderhof)
51	2x Tw	1929	Fuchs		a: 1972
52	2x Tw	1929	Fuchs		a: 1970
53	2x Tw	1929	Fuchs		1969=Arbeitstriebwagen; a: 1973
54	2x Tw	1929	Fuchs		a: 1973
55	2x Tw	1929	Fuchs		a: 1973 (-Holiday Inn Walldorf)
56	2x Tw	1929	Fuchs		a: 1972
57	2x Tw	1929	Fuchs		1974=DSM (HSM), a: 1990, Front an Lokal in Burgdf

Nr.	Typ	BJ.	Hersteller (el. Teil)	Bemerkungen/Umbau	Verbleib
58	2x Tw	1949	Fuchs	KSW	a: 1976
59	2x Tw	1949	Fuchs	KSW	1976=Museum Viernheim; 1990=HSB; 1996=Bogestra/Bochum (Ersatzteilspender für Museums-Tw)
60	2x Tw	1949	Fuchs	KSW	a: 1976 (Reha Neckargemünd)
61	2x Tw	1949	Fuchs	KSW	a: 1976
62	2x Tw	1949	Fuchs	KSW	1978=Schleif-Tw; 1999=Klagenfurt
63	2x Tw	1949	Fuchs	KSW	a: 1973 (-privat)
64	2x Tw	1949	Fuchs	KSW	1973=ArbTw; 1997=Museum Stuttgart
65	2x Tw	1952	Fuchs (Siem./BBC)²	„Aufbau"-Typ	a: 1975
66	2x Tw	1952	Fuchs (Siem./BBC)²	„Aufbau"-Typ	a: 1976
67	2x Tw	1952	Fuchs (Siem./BBC)²	„Aufbau"-Typ	a: 1973
68	2x Tw	1952	Fuchs (Siem./BBC)²	„Aufbau"-Typ	1978=SMS
69	2x Tw	1952	Fuchs (Siem./BBC)²	„Aufbau"-Typ	a: 1977
70,71	2x Tw	1952	Fuchs (Siem./BBC)²	„Aufbau"-Typ	a: 1976
72,73	2x Tw	1952	Fuchs (Siem./BBC)²	„Aufbau"-Typ	a: 1977
74	2x Tw	1952	Fuchs (Siem./BBC)²	„Aufbau"-Typ	a: 1975
75	2x Tw	1955	Fuchs	Verbandstyp	a: 1977
76	2x Tw	1955	Fuchs	Verbandstyp	a: 1975
77	2x Tw	1956	Fuchs	Verbandstyp	a: 1977
78	2x Tw	1956	Fuchs	Verbandstyp	1978=DSM (HSM)
79	2x Tw	1956	Fuchs	Verbandstyp	1978=SMS
80	2x Tw	1956	Fuchs	Verbandstyp	noch vorhanden
81	2x Tw	1956	Fuchs	Verbandstyp	1981=DSM (HSM)
94-96	4x Tw	1913	Fuchs		1918=MA 236-238
201	6x Er-Gl-Tw	1960	Düwag (BBC)		1968=MA 318; 1994=Gotha 318
202	6x Er-Gl-Tw	1960	Düwag (BBC)		1968=MA 319; 1995=Zagreb 917
203	6x Er-Gl-Tw	1960	Düwag (BBC)		1968=MA 320; 1994=Gotha 320
204	6x Er-Gl-Tw	1960	Düwag (BBC)		1971=MZ 239 (a)
205	6x Er-Gl-Tw	1960	Düwag (BBC)		1971=MZ 240; 1999=Arad
206	6x Er-Gl-Tw	1960	Düwag (BBC)		1971=MZ 236 (a)
207, 208	6x Er-Gl-Tw	1960	Düwag (Siemens)		1971=Mz 237, 238; 1996=Elblag/Polen (Elbing)
209-213	6x Er-Gl-Tw	1961	Düwag (Siemens)	2 Einfachtüren links (für Linie 11)	1974=MZ 241-245; 1996=Elblag/Polen (Elbing)
214	6x Zr-Gl-Tw	1964	Düwag		Umbau 1995-97=Schleif-Tw 200
215	6x Zr-Gl-Tw	1964	Düwag		1997=MA=Schleif-Tw 1301
216	6x Zr-Gl-Tw	1964	Düwag		a: 23.8.1984 (Brandschaden)
217	6x Zr-Gl-Tw	1964	Düwag		1997=MA=Schleif-Tw 1302
218	6x Zr-Gl-Tw	1966	Düwag		
219	6x Zr-Gl-Tw	1966	Düwag		2000=Schöneiche 42
220, 221	6x Zr-Gl-Tw	1966	Düwag		
222	6x Zr-Gl-Tw	1966	Düwag		2000=Schöneiche (Ersatzteilspender)
223	6x Zr-Gl-Tw	1966	Düwag		a: 22.10.2000 (Unfall)
224	6x Zr-Gl-Tw	1966	Düwag		a: 23.8.1984 (Brandschaden)
225	6x Zr-Gl-Tw	1966	Düwag		1999=Schöneiche 41
226, 227	6x Zr-Gl-Tw	1968	Düwag		
228	6x Zr-Gl-Tw	1968	Düwag		2000=Schöneiche 43
229	6x Zr-Gl-Tw	1968	Düwag		
230-244	6x Zr-Gl-Tw	1973	Düwag		Tw 242=a: 23.8.1984 (Brandschaden)
201"-204"	8x Zr-Gl-Tw	1975	Düwag		Tw 204": 1985 wiederaufgebaut (Brandschaden 23.8.1984)
251-258	8x Zr-Gl-Tw	1985/86	Düwag (BBC/Siemens)	Stadtbahnwagen Typ M8C	
261-272	6x Zr-Gl-Tw	1994/95	Düwag (ABB)	70% Niederflur, Typ MGT6D	
273-280	8x Zr-Gl-Tw	2002/03	Bombardier	70% Niederflur, Variobahn Rhein-Neckar	

2. Beiwagen

Nr.	Typ	BJ.		Bemerkungen/Umbau	Verbleib
35	2xBw	U 1903 ?		ex Pfb, Bj. 1885-99; U **; Uz 1920=41", Uz 1928=**101**	a: 1956
36	2xBw	U 1903 ?		ex Pfb, Bj. 1885-99; U **; Uz 1920=42", Uz 1928=**102**; modern. nach 1945	1960=Museums-Bw 6 (offen, Bauzustand von 1911), noch vorhanden
37	2xBw	U 1903 ?		ex Pfb, Bj. 1885-99; U **; Uz 1920=43", Uz 1928=**103**	a: 1960

Nr.	Typ	BJ.	Hersteller (el. Teil)	Bemerkungen/Umbau	Verbleib
38	2xBw	U 1903 ?		ex Pfb, Bj. 1885-99; U **; Uz 1920=44", Uz 1928=**104**; modern. nach 1945	a: 1960
39	2xBw	U 1903 ?		ex Pfb, Bj. 1885-99; U **; Uz 1920=45", Uz 1928=**105**	a: 1960
40	2xBw	U 1903 ?		ex Pfb, Bj. 1885-99; U **; Uz 1920=46", Uz 1928=**106**	a: 1960
41	2xBw	U 1903 ?		ex Pfb, Bj. 1885-99; U **; Uz 1920=47", Uz 1928=**107**	a: 1959
42	2xBw	U 1903 ?		ex Pfb, Bj. 1885-99; U **; Uz 1920=48", Uz 1928=**108**	a: 1960
43	2xBw	U 1903 ?		ex Pfb, Bj. 1885-99; U **; Uz 1920=49", Uz 1928=**109**; Uk 1953	a: 1960
44	2xBw	U 1903 ?		ex Pfb, Bj. 1885-99; U **; Uz 1920=50", Uz 1928=**110**	a: 1956
48*	2xBw	1901	Fuchs	1905 ex ESHW 21; =51"; Uz 1928=**111**; Pg 1909-11	1943 leihweise MA, a: Kriegsverlust
49*	2xBw	1901	Fuchs	1905 ex ESHW 22; =52"; Uz 1928=**112**; Pg 1909-11; Uk 1930	a: 1960
50*	2xBw	1901	Fuchs	1905 ex ESHW 23; =53"; Uz 1928=**113**; Pg 1909-11	1943 leihweise MA, a: Kriegsverlust
51*	2xBw	1901	Fuchs	1905 ex ESHW 24; =54"; Uz 1928=**114**; Pg 1909-11	a: 1943
52*	2xBw	1901	Fuchs	1905 ex ESHW 25; =55"; Uz 1928=**115**; Pg 1909-11	a: 1943
53*	2xBw	1901	Fuchs	1905 ex ESHW 26; =56"; Uz 1928=**116**; Pg 1909-11	a: 1943
54*	2xBw	1901	Fuchs	1905 ex ESHW 27; =57"; Uz 1928=**117**, Pg 1909-11; 1943=**111**	a: 1958
55*	2xBw	1901	Fuchs	1905 ex ESHW 28; =58; Uz 1928=**118**; Pg 1909-11	a: 1955
56*	2xBw	1901	Fuchs	1905 ex ESHW 29; =59; Uz 1928=**119**; Pg 1909-11	a: 1952
113"	2xBw	1944	Fuchs		a. 1964
114", 115"	2xBw	1944	Fuchs		a: 1967
116"	2xBw	1944	Fuchs		a. 1966
117"	2xBw	1944	Fuchs		a: 1967
31	2xBw	1903	Fuchs	Uz 1920=60"; Uz 1928=**120**; Pg 1921	a: 1958
32	2xBw	1903	Fuchs	Uz 1920=61"; Uz 1928=**121**; Pg 192?	a: 1960
33	2xBw	1903	Fuchs	Uz 1920=62"; Uz 1928=**122**; Pg 1921	a. 1960
34	2xBw	1903	Fuchs	Uz 1920=63"; Uz 1928=**123**; Pg 192?	a: 1960
45	2xBw	1904	Fuchs	Uz 1920=64"; Uz 1928=**124**; Pg 1921	a: 1960
46	2xBw	1904	Fuchs	Uz 1920=65"; Uz 1928=**125**; Pg 192?	a: 1960
47	2xBw	1904	Fuchs	Uz 1920=66"; Uz 1928=**126**; Pg 1920	a: 1960
61	2xBw	1911	Fuchs	U 1921=Tw 33	siehe Tw 33
62	2xBw	1911	Fuchs	U 1921=Tw 34	siehe Tw 34
63	2xBw	1911	Fuchs	U 1920=Tw 31	siehe Tw 31
64	2xBw	1911	Fuchs	U 1920=Tw 32	siehe Tw 32
65***	2xBw	1913	Fuchs	Uz 1920=67", Uz 1928=**127**	a: 1961
66***	2xBw	1913	Fuchs	Uz 1920=68", Uz 1928=**128**	a: 1962
67***	2xBw	1913	Fuchs	Uz 1920=69", Uz 1928=**129**	a: 1962
68***	2xBw	1913	Fuchs	Uz 1920=70", Uz 1928=**130**	a: 1960
69***	2xBw	1913	Fuchs	Uz 1920=71", Uz 1928=**131**	a: 1961
70***	2xBw	1913	Fuchs	Uz 1920=72", Uz 1928=**132**; Uk 1952	a: 1969
71***	2xBw	1913	Fuchs	Uz 1920=73, Uz 1928=**133**	a: 1962
72***	2xBw	1913	Fuchs	Uz 1920=74, Uz 1928=**134**	a: 1961
135"	2xBw	1913	Fuchs	1946 ex Walldorf 5	a: 1954 (nur in Walldorf gefahren)
76	4xBw	1925	Fuchs	Uz 1928=**136**	a: 1968
77	4xBw	1925	Fuchs	Uz 1928=**137**	a: 1970
78	4xBw	1925	Fuchs	Uz 1928=**138**	a: 1965
79	4xBw	1925	Fuchs	Uz 1928=**139**	a: 1966
80	4xBw	1925	Fuchs	Uz 1928=**140**	a: 1967
81	4xBw	1925	Fuchs	Uz 1928=**141**	a: 1972
82	4xBw	1925	Fuchs	Uz 1928=**142**	a: 1972
83	4xBw	1925	Fuchs	Uz 1928=**143**	a: 1967
84	4xBw	1925	Fuchs	Uz 1928=**144**	a: 1970
75	4xBw	1925	Fuchs	Uz 1928=**135**, Uz 1946=**145**"	a: 1970
146, 147	4xBw	1928	Fuchs		a: 1966
148, 149	4xBw	1928	Fuchs		a: 1973
150	4xBw	1928	Fuchs		a: 1970
151	4xBw	1928	Fuchs		1974=DSM (HSM), 1991 Kunstobjekt, a: 1993
152	4xBw	1928	Fuchs		a: 1973 (-Spielplatz Eppelheim)
153	4xBw	1928	Fuchs	Uz 1946=ex Bw 145	1974=DSM (HSM)

Nr.	Typ	BJ.	Hersteller (el.Teil)	Bemerkungen/Umbau	Verbleib
154	2xBw	1955	Fuchs	Verbandstyp	a: 1974
155	2xBw	1955	Fuchs	Verbandstyp	a: 1975
156	2xBw	1955	Fuchs	Verbandstyp	a: 1975 (-Fa. in Mosbach)
157	2xBw	1955	Fuchs	Verbandstyp	a: 1974 (-Jugendherberge HD)
158	2xBw	1955	Fuchs	Verbandstyp	a: 1974 (-Spielplatz Sandhausen)
159	2xBw	1955	Fuchs	Verbandstyp	a: 1974
160	2xBw	1955	Fuchs	Verbandstyp	a: 1975
161-163	2xBw	1955	Fuchs	Verbandstyp	a: 1974
164,165	2xBw	1956	Fuchs	Verbandstyp	a: 1975
166-168	2xBw	1956	Fuchs	Verbandstyp	a: 1973

3. Arbeitsfahrzeuge

Nr.	Typ	BJ.	Hersteller (el.Teil)	Bemerkungen/Umbau	Verbleib
80	2x Güter-Ellok	1901	A. Koppel, Berlin (Lorain Steel)	1905 ex ESHW 41; Uz 1918=Lok I; a: um 1955/56 U 1930 f. Schlachthof auf 1435mm-Spur	
81	2x Güter-Ellok	1901	A. Koppel, Berlin (Lorain Steel)	1906 ex ESHW 42; Uz 1918=Lok II a: 1947	
97	2x Schleif-Tw	1929	Eigene Werkstätte		1978=Museum Viernheim, a
88	2x Spreng-Tw	1920		später Uz=98	a: vor 1954
98 II	2x ArbTw	1901		1960 ex Tw 28	a: 1961
98 III	2x ArbTw	1901		1961 ex Tw 26	a: 1962
98 IV	2x ArbTw	1901		1962 ex Tw 24	a: 1966
98 V	2x ArbTw	1901		1967 ex Tw 27	a: 1969
89	2x Spreng-Tw	1911	Helmers	später Uz=99	a: 1929
100	2x Reinigungs-Tw	1928	Schörling	Schienenreinigungs-Tw	a: 1966
200	6x Schleif-Tw	U 1997		ex Tw 214	
188	2x off. Güterwagen	?			?
190, 191	2x Schneepflug	?			?
192-195	2x Salzwagen	?			?
198	2x Schneepflug	?			?

Vor 1960 hatten die Arbeits-Bw 200er-Nummern; bekannt: Salzwagen 206, 207 und 208 (?), offene Güterwagen 204 und 214

*Nr. 48-56 nicht sicher, eventuell von Beginn an 51-59; Nr. 21-29: Nummerierung dieser Bw bei ESHW nicht nachgewiesen
**Umbau 1910/1911 (verlängert) sowie 1919-25 (Kasten geschlossen)
***Bei den Bw 65 – 72 ist diese erste Nummerierung bisher nicht nachgewiesen!
****Tw 230-241 und 243-244: ab 1999/2000 jeweils 2 Tw fest verbunden (Doppeltraktion), zusätzliche Nummer als Zug:

291	=Tw 230+243
292	=Tw 231+238
293	=Tw 232+239
294	=Tw 233+240
295	–Tw 234+241
296	=Tw 235+237, lief zuerst mit 243
297	=Tw 236+244

¹) ca. 1925 Einstiege mit Türen versehen; ²) teils Siemens, teils BBC;
" = zweite Nummernbesetzung

Pg	=	Plattform geschlossen	Uk	=	Umbau Wagenkasten
Upl	=	Umbau im Plattformbereich	grStf	=	Große (einteilige) Stirnfenster
MA	=	Mannheim	MZ	=	Mainz
ESHW	=	Elektrische Straßenbahn Heidelberg – Wiesloch	DSM (HSM)	=	Straßenbahn-Museum Hannover
SMS	=	Straßenbahn-Museum-Stuttgart (zuletzt Schönau bei Heidelberg)	U	=	Umbau
ex	=	ehemals	Schöneiche	=	Schöneiche-Rüdersdorfer Straßenbahn
Bogestra	=	Bochumer-Gelsenkirchener Straßenbahn	ABB	=	Asea Brown Boveri
BBC	=	Brown Boveri & Cie.	SSW	=	Siemens Schuckert Werke
KSW	=	Kriegsstraßenbahnwagen	Uz	=	Umzeichnung

Stand: Oktober 2002

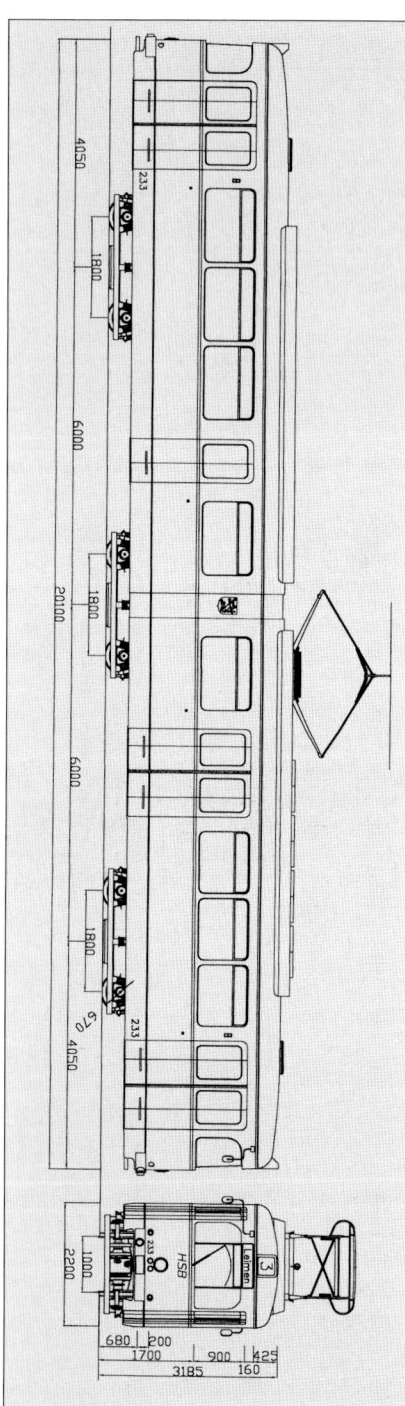

Die Zweirichtungs-Sechsachs-Gelenkwagen prägten bis in die Gegenwart das Gesicht der Heidelberger Tram Zeichnung: J. Müller

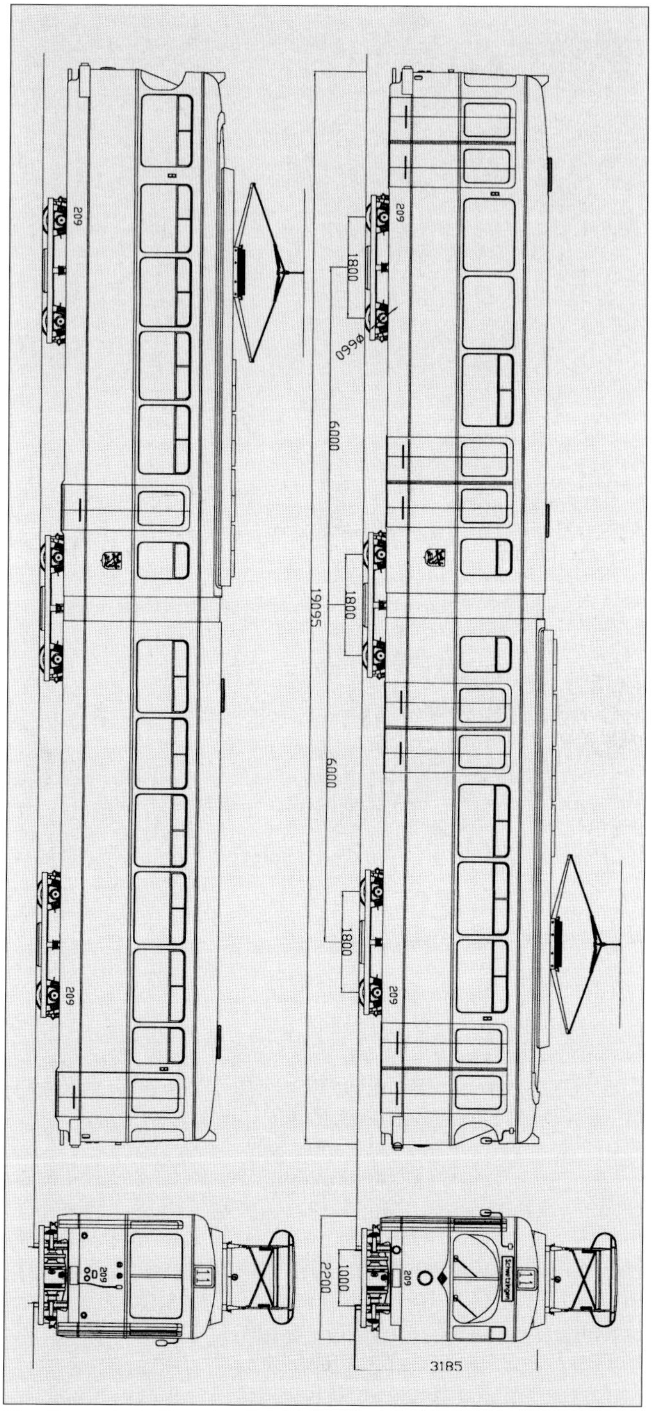

Eine Besonderheit unter den Heidelberger Düwag-Einrichtungs-Gelenkwagen waren die Wagen 209 – 213, die auch auf der linken Seite zwei einfache Türen besaßen Zeichnungen: J. Müller (2)

10. Anhang

Die Straßenbahn Walldorf

Als am 1. Juni 1844 die Badische Staatsbahn ihre Strecke von Heidelberg nach
Offenburg (später bis Basel) eröffnete,
lag der Bahnhof Walldorf/Wiesloch
etwa in der Mitte zwischen beiden Or-
ten. Gegen Ende des 19. Jahrhunderts,
als die Eisenbahn ein allgemeiner be-
nutztes Verkehrsmittel geworden war,
hielten die Walldorfer den mehr als
zwei Kilometer langen Fußmarsch – bei
Wind und Wetter! – nicht mehr für zeitgemäß. Die Nachbargemeinde Wiesloch hatte schon 1886 eine Pferdebahn
angelegt, die allerdings am 4. Juli 1901
stillgelegt werden konnte, weil im Mai
des selben Jahres die Badische Local-
eisenbahn AG eine Eisenbahnstrecke

vom Bahnhof Walldorf/Wiesloch über
Wiesloch-Stadt nach Meckesheim und
Waldangelloch eröffnet hatte.
Die 2,2 Kilometer lange Strecke vom
Bahnübergang der Landstraße Wiesloch – Neulußheim bis zur evangeli-
schen Kirche im Ortskern von Walldorf
wurde am 2. März 1902 zunächst als
Pferdebahn in Betrieb genommen. Eine
kleine Wagenhalle im Hof des Hotels
Astoria nahe der Endstelle diente den
zwei von der HSB erworbenen Pferdebahnwagen nebst Zugpferden als Un-
terkunft.
Fünf Jahre später, am 22. Juli 1907, war
die Bahn elektrifiziert und gleichzeitig
über die Brücke in einer großen Schleife
bis vor das Bahnhofsgebäude auf
2,85 Kilometer verlängert worden. Im

**Der geschmückte
Wagen für die
Abschiedsfahrt am
1. August 1954 in
Walldorf**

Foto: HSB, Slg. U. Hinzpeter

Anschluss an jeden Staatsbahnzug durfte nur ein Triebwagen unterwegs sein. Bei großem Andrang hatte der zweite Wagen in gebührendem Sicherheitsabstand zu folgen. Bis 1925 wurden Triebwagen 1 und die Pferdebahnwagen 3 und 4 durch neue Triebwagen 4 und 6 sowie Beiwagen 5 ersetzt.

Seit 1914 gab es Pläne für eine große Straßenbahnringlinie Heidelberg – Kirchheim – Sandhausen – Walldorf – Wiesloch – Leimen – Heidelberg. An ihrer Verwirklichung war Walldorf sehr interessiert. Die Stadt investierte sogar 1931/32 in eine notdürftige Instandsetzung ihrer verschlissenen Straßenbahn, nachdem man mit der HSB nicht zu einer Einigung über einen Verkauf der Bahn gekommen war. Im September 1937 waren Strecke und Wagen aber wieder derart heruntergekommen, dass das Innenministerium die Umstellung auf O-Bus oder Omnibus verfügte. Durch den Zweiten Weltkrieg fuhr die

Bahn – mit starker Auslastung – aber dennoch weiter. Erst ab 31. März 1945 musste der Betrieb wegen Kriegsschäden ruhen. Da Walldorf sich den Wiederaufbau der Bahn nicht leisten konnte, verkaufte die Stadt ihre Straßenbahn schließlich an die HSB, die immer noch auf die Ringbahn setzte. Die HSB baute die Strecke wieder auf, schickte ihren Triebwagen 6 (Ersatz für Tw 4) nach Walldorf und sorgte alsbald für einen 30-Minuten-Takt (3. September 1945). Die Linie endete verkürzt (2,2 Kilometer) wieder auf der Brücke. Aber das Ringbahnprojekt kam nicht voran. Als die Elektrifizierung der Bundesbahn-Strecke Karlsruhe – Heidelberg und eine neue Umgehungsstraße teure Gleisverlegungen der Straßenbahn erforderten, stellte die HSB die Bahn am 1. August 1954 ein. Die drei Triebwagen und ein Beiwagen kamen zwar ins HSB-Depot Leimen, wurden aber alle nach 1954 verschrottet – sie waren noch bis 1955/56 abgestellt.

Die Oberrheinische Eisenbahn Gesellschaft (OEG)

HSB und OEG haben teilweise gemeinsame Wurzeln durch die Aktivitäten der Heidelberger Bauunternehmer und Ingenieure Leferenz, von denen Johann Leferenz später als Vorstand der HSB tätig war. Die Gebrüder Leferenz waren seinerzeit im Eisenbahnbau tätig. So blieb ihnen die mangelnde Erschließung der dicht besiedelten Oberrheinebene durch die Hauptbahnen nicht verborgen. Es fehlte an einer direkten Verbindung aus dem Odenwald über Weinheim nach Mannheim und entlang der Bergstraße. Die Gebrüder interessierten sich für den Bau einer Strecke von Schriesheim nach Mannheim bzw. Heidelberg. Der gemeindeeigene Steinbruch in Dossenheim hatte qualitativ hochwertigen Schotter zu bieten, der aber nur äußerst umständlich mit Fuhrwerken an die Eisenbahn in Heidelberg

gebracht werden konnte. Das Unternehmen erwarb 1882 in Dossenheim einen kleinen Steinbruch. Im Juni 1883 erhielt Johann Leferenz die Konzession für eine Schmalspurbahn von Heidelberg nach Schriesheim, mit der Option, die Strecke bis Weinheim weiter zu bauen. Leferenz schlug den Dossenheimern vor, dass er den gemeindeeigenen Steinbruch auf seine Kosten an die Sekundärbahn anschließen und diese Anschlussbahn nach 20 Jahren an die Gemeinde abtreten würde, wenn deren Schotter zukünftig mit seiner Bahn abtransportiert würde. Dann würde die Firma Leferenz auch auf die Nutzung ihres Steinbruchs verzichten. Der Vorschlag stieß auf den Widerstand der davon betroffenen Fuhrleute und wurde im August 1883 vom Bürgerausschuss abgelehnt. Die Gebrüder Leferenz errichteten daraufhin auf ihrem Gelände ein hochmodernes Schotterwerk und machten der Gemeinde Konkurrenz.

Am 26. Januar 1961 rollt einer der typischen OEG-Ganzzüge durch die verschneite Bergheimer Straße

Foto: D. Schlipf

Ein Dampfzug der OEG steht um 1900 zur Abfahrt in Richtung Weinheim am OEG-Bahnhof Bismarckplatz bereit.
Foto: Stadtarchiv Heidelberg

Als Überlandbahn bildete die OEG immer lange Züge. Ein Nachkriegszug fährt in der Bergheimer Straße am HSB-Depot vorbei.
Foto: W. Rabe

Den Bau der Schmalspurbahn konnten sie aber nicht mehr finanzieren.

1886 hatte ein Konsortium um den Berliner Unternehmer Herrmann Bachstein eine Konzesion für die Strecke Mannheim – Weinheim erhalten: die „Central-Verwaltung für Sekundärbahnen, H. Bachstein". Die Strecke wurde am 12. September 1887 um 8.30 Uhr eröffnet. Bachstein wollte diese Bahn

entlang der Bergstraße auch nach Heidelberg verlängern. Am 21. Januar 1887 hatten Bachstein und die Gebrüder Leferenz daher einen Vertrag geschlossen, mit dem die Konzession für die Strecke Heidelberg – Weinheim gegen eine ordentliche Entschädigung den Besitzer wechselte (einen Bahnanschluss erhielt das Schotterwerk auch). Der Betrieb zwischen Weinheim und Heidelberg konnte am 4. Oktober 1890 eröffnet werden. Die Strecke führte von Handschuhsheim kommend über die Handschuhsheimer Landstraße und die Brückenstraße zunächst bis zum Bismarckplatz. Das Streckennetz wurde am 13. Juli 1892 mit der Strecke Mannheim – Heidelberg vervollständigt, die von Wieblingen über die heutige Karl-Metz-Straße zum Bismarckplatz führte. Ab 1895 fasste Bachstein in der „Süddeutschen Eisenbahngesellschaft AG" (SEG) seine Bahnen zusammen, zu denen auch die Dampfstraßenbahn Darmstadt und die Straßenbahn in Essen gehörten. Auch im Rhein-Neckar-Raum plante die SEG weitere Querverbindungen (u.a. die schon von Leferenz vorgeschlagene Verbindung Mannheim – Schriesheim), die jedoch mit Ausnahme der Strecke Käfertal – Heddesheim nicht verwirklicht wurden. Am 16. Juli 1906 folgte noch eine Meterspur- und Normalspurstrecke für den Güterverkehr vom Heidelberger Güterbahnhof der OEG über eine eigene Neckarbrücke und durch das Neuenheimer Feld nach Dossenheim, die so das Stadtgebiet von Heidelberg umging.

Auf Betreiben von Mannheim vereinigten 1911 Mannheim, die SEG und zwei Elektrizitätsgesellschaften ihre Kraftwerke und Schmalspurstrecken in der „Oberrheinischen Eisenbahn-Gesellschaft AG" (OEG). Dazu gehörte auch die Straßenbahn von Schwetzingen nach Ketsch (1910 – 1938), neben der die HSB ab 1927 in Schwetzingen parallel fuhr. Nach dem Ersten Weltkrieg über-

nahm Mannheim 80 Prozent des Aktienkapitals, Heidelberg, Viernheim, Weinheim und die Rhein-Haardtbahn GmbH hielten je fünf Prozent des Kapitals. Nach der 1927 erfolgten Kapitalerhöhung durch die Stadt Mannheim hielten nur noch Heidelberg und Weinheim einen Anteil von je 0,02 Prozent an der OEG. Seit 2000 gehört die OEG komplett zur Mannheimer Versorgungs- und Verkehrsgesellschaft (MVV). Im Hinblick auf den Bahnhofsneubau verlegte die OEG schon 1913 ihren Güterbahnhof an den Ochsenkopf und erreichte Bergheim nun über die Blücherstraße. Die eingleisigen OEG-Strecken verliefen in Heidelberg teils parallel zur Pferde- bzw. Straßenbahn, benutzten deren Gleise aber nicht. Nach Elektrifizierung der Mannheimer OEG-Strecke und Abschluss eines Gemeinschaftsvertrages wurden die Gleise seit 6. Ok-

Während der Sanierung der Brückenstraße im Jahre 2002 befuhren auch die OEG-Züge die Umleitungsstrecke Berliner Straße. April 2002

Foto: F. Muth

Seitdem verkehrten straßenbahnähnliche Triebwagenzüge durchgehend von Mannheim über Weinheim und Heidelberg nach Mannheim und umgekehrt. De facto blieb die OEG aber weiterhin eine Eisenbahn. Auch ihr Stromsystem wich von dem der HSB ab: Die OEG fuhr bis 1974 mit 1.200 Volt Gleichstrom, seither mit 750 Volt Gleichstrom. Die HSB-Fahrleitung führt immer noch nur 600 Volt Gleichstrom. Die OEG-Züge sind für beide Spannungen ausgerüstet.

Früher war der Güterverkehr einmal die Haupteinnahmequelle der OEG. Als sich dieser immer weiter auf die Straße verlagerte, gab die OEG 1971 den Güterverkehr auf. Die Güterbahn durch das Neuenheimer Feld wurde am 1. Juli 1970 stillgelegt.

In Wieblingen ist die OEG heute das einzige Schienenverkehrsmittel; August 2002
Foto: F. Muth

Die OEG bestellte als erster Betrieb Fahrzeuge vom Typ Variobahn. Römerkreis, Sept. 2002
Foto: F. Muth

tober 1929 von HSB und OEG gemeinsam im zweigleisigen Richtungsverkehr benutzt. Rechtlich gehört das nördliche Gleis aber bis heute der OEG. Bei Bauarbeiten wurden noch sehr lange von den Bahngesellschaften unterschiedliche Baufirmen beauftragt.

Seit 1930 endeten die Dampfzüge der OEG in Handschuhsheim („OEG-Bahnhof"), wo elektrische Triebwagen vorgespannt wurden. Zwischen dem 18. Dezember 1949 und dem 1. September 1956 wurde die Bergstraßenstrecke schrittweise bis Weinheim elektrifiziert.

Seit 1. Februar 1974 gab es einen Gemeinschaftstarif von HSB und OEG für die gemeinsam befahrenen Strecken. Nach langem Ringen wurde daraus der Verkehrsverbund Rhein-Neckar (VRN). Ab dem 1. Dezember 1989 können Fahrgäste die verschiedenen Verkehrsmittel mit nur einer einzigen Fahrkarte benutzen. Seit Mai 1993 fährt die OEG auf neuer Strecke vom Ochsenkopf parallel zu den Eisenbahnanlagen direkt zum Hauptbahnhof und weiter über die Kurfürsten-Anlage zum Bismarckplatz. Mit Einführung eines Zehn-Minuten-Taktes von Mannheim bis Schriesheim übernahm die OEG auch innerhalb Heidelbergs (wie zuvor schon in Mannheim) noch stärker innerstädtische Verkehrsfunktionen. Die HSB-Linie 1 wurde daraufhin bis zum Bismarckplatz verkürzt. Am 22. November 2001 verständigten sich die Bahnverkehrsunternehmen des Meterspurnetzes darauf, zukünftig noch enger zu kooperieren. Die gemeinsame Bestellung der neuen Fahrzeuge einheitlichen Typs ist ein wichtiger Schritt dazu. Gemeinsame Wurzeln haben die Unternehmen ja schon seit 120 Jahren.

Auf fünf Kontinenten...

Wolfgang Kaiser

Die schönsten Straßenbahnen der Welt

Tram- und Überlandbahnen rund um den Globus

128 Seiten,
140 farbige Abbildungen,
Format 28 x 22,5 cm, gebunden mit Schutzumschlag

€ 35,90

ISBN 3-7654-7204-2
Best.-Nr. 7204

Straßenbahnen sorgen bis heute überall in der Welt für Mobilität – ob in Sibirien, Südamerika oder Europa. Machen Sie mit uns einen Streifzug über die städtischen Gleise rund um den Globus. Überlandbahnen verbinden ländliche Gegenden mit den Zentren. Der Nahverkehr auf Schienen boomt. Dieser üppige Bildband zeigt die schönsten und skurrilsten Trams rund um den Globus mit außergewöhnlichen Bildern in bester Qualität.

R. Basten und Claude Jeanmaire: Heidelberger Straßenbahnen, Villigen (Schweiz) 1986.

Bürger für Heidelberg: Fußgängerzone Heidelberg mit Straßenbahn, Heidelberg 1976.

C. Hass-Klau, V. Deutsch, G. Crampton: Städtische Nahverkehrssysteme im Vergleich (Forschungsbericht). In: Der Nahverkehr 10/2000, Düsseldorf.

G. Fredrichs: Verkehrsplanung und verkehrspolitische Zielsetzung (Generalverkehrsplan Heidelberg). In: Der Stadtverkehr 5-6/71, Brackwede.

G. Fredrichs: Was ist billiger – Bus oder Straßenbahn? In: Der Nahverkehr 10/87, Düsseldorf.

Heidelberger Strassen- und Bergbahn Aktiengesellschaft (HSB): 75 Jahre Straßenbahn Heidelberg, Heidelberg 1960.

HSB (Hrsg.): Chronik 1962, Heidelberg 1962.

HSB (Hrsg.): 100 Jahre HSB, Heidelberg 1985.

HSB (Hrsg.): Straßenbahnerschließung der Heidelberger Altstadt – Mehrsystemstadtbahn Heidelberg-Elsenztal (Bautechnische Machbarkeitsstudie), Heidelberg 1997.

HSB (Hrsg.): Die Geschichte der Heidelberger Straßen- und Bergbahn AG, Heidelberg 1999.

HSB (Hrsg.): Straßenbahnverlängerung von Eppelheim über Plankstadt nach Schwetzingen (Machbarkeitsstudie), Heidelberg 2000.

Stadt Heidelberg (Hrsg.): Verkehrsentwicklungsplan Heidelberg – Leitlinien und Projekte, Heidelberg 1996.

Stadt Heidelberg und HSB (Hrsg.): Straßenbahn für Kirchheim, Heidelberg 1999.

Heidelberger Versorgungs- und Verkehrsbetriebe GmbH (HVV): Optimierung des öffentlichen Personennahverkehrs, Heidelberg 1993.

W. Hendlmeier: Handbuch der deutschen Straßenbahngeschichte, München 1981.

D. Höltge: Deutsche Strassen- und Stadtbahnen, Band 2 Nördliches Baden-Württemberg, Gifhorn 1979.

D. Höltge: Straßen- und Stadtbahnen in Deutschland, Band 6 Baden, Freiburg 1999.

J. Kampfhenkel: Die Situation der Heidelberger Straßen- und Bergbahn AG in: Der Stadtverkehr 8/60, Brackwede.

B. König: Die Oberrheinische Eisenbahn-Gesellschaft AG. In: Bundesverband Deutscher Eisenbahn-Freunde e.V. (BDEF): Jahrbuch 1990, Lübbecke 1990.

F. Muth: Ausbau der Heidelberger Straßenbahn. In: stadtverkehr 5/99, Freiburg.

F. Muth: Das „Micky-Maus-Netz" – Der Ausbau in Heidelberg stockt. In: Straßenbahn Magazin 5/2002, München.

H. Nebelung: Koordinierung des öffentlichen Personenregionalverkehrs im Ballungsraum Rhein-Neckar (Gutachten), Aachen 1966.

Oberrheinische Eisenbahn-Gesellschaft AG (Hrsg.): 75 Jahre OEG, Mannheim 1986.

W. Rabe: Betriebsgeschichte – Mannheimer Verkehrs-Aktiengesellschaft, Verkehrsbetriebe Ludwigshafen am Rhein GmbH, Rhein-Haardtbahn GmbH, Mannheim 1979.

W. Rabe: Chronologie des öffentlichen Personen-Verkehrs in und um Mannheim und Ludwigshafen (Manuskript), Mannheim 2002.

H. Röth: Zur Geschichte der Heidelberger Straßenbahn AG. In: BDEF: Jahrbuch 1990, Lübbecke 1990

A. Schorb: 150 Jahre Eisenbahn in Heidelberg und Nordbaden. In: BDEF: Jahrbuch 1990, Lübbecke 1990

Studiengesellschaft Nahverkehr: Erschließung der Heidelberger Altstadt durch den öffentlichen Personennahverkehr (Abschlussbericht), Hamburg 1980.

Verband Deutscher Verkehrsunternehmen (Hrsg.): Stadtbahnen in Deutschland: innovativ – flexibel – attraktiv = Light Rail in Germany; Bundesministerium für Verkehr, Bau- und Wohnungswesen, Düsseldorf 2000.

Verkehrsamateure Kaiserslautern: verkehrsbetriebe zwischen rhein und saar im rheinneckar-raum, Kaiserslautern 1973.

H. Vogt: Heidelberger Straßen- und Bergbahn AG im Wandel der Zeit. In: stadtverkehr 10/1986, Freiburg.

W. Weber: Die Erweiterung des Betriebshofes der Heidelberger Straßen- und Bergbahn AG. In: Der Stadtverkehr 3/1959, Brackwede.

P. Weiss: Stellungnahme zum HVV-Bericht „Zur Lage der Straßenbahn in Hamburg", Hamburg 1975.

Sowie Akten des Stadtarchivs und der Privatarchive Basten und Röth, Berichte aus der Rhein-Neckar-Zeitung (RNZ-Archiv) und Beiträge aus den Fachzeitschriften: Der Nahverkehr (Düsseldorf), Der Stadtverkehr (Brackwede/Freiburg) und Straßenbahn Magazin (Stuttgart/München).